Friedrich Bluhme

Drei Abhandlungen zur Geschichte des deutschen Rechts

Friedrich Bluhme

Drei Abhandlungen zur Geschichte des deutschen Rechts

ISBN/EAN: 9783743440746

Hergestellt in Europa, USA, Kanada, Australien, Japan

Cover: Foto ©Suzi / pixelio.de

Weitere Bücher finden Sie auf **www.hansebooks.com**

DREI ABHANDLUNGEN

ZUR GESCHICHTE

DES DEUTSCHEN RECHTS.

FESTGRUSS AUS BONN

AN

CARL GUSTAV HOMEYER

ZUR FEIER

SEINER FÜNFZIGJÄHRIGEN DOCTORWÜRDE

AM 28. JULI 1871

VON

F. BLUHME   R. SCHROEDER   H. LOERSCH.

BONN,
BEI ADOLPH MARCUS.
1871.

I.

OMNIS PARENTILLA.

VON

F. BLUHME.

Wenn Ihnen, hochverehrter freund, an Ihrem jubel- und ehrentage die zumutung begegnet, noch einmal einer vielbesprochenen stelle des langobardenrechts zu gedenken, so halten Sie das einem fachgenossen zu gute, den die reichen früchte Ihres wissens und forschens schon lange gelabt und mit steigender bewunderung erfüllt haben, ohne dass er auf irgend einem anderen punkte unseres weiten gemeinsamen arbeitsfeldes einer unmittelbaren begegnung mit Ihnen sich hätte rühmen dürfen. Ich meine die lex *omnis parentilla* des königs Hrothari, deren literargeschichte schon an die tragischen schiksale der, ihr einigermaassen verwandten lex *frater a fratre* des römischen rechts zu mahnen droht. Verwandt nenne ich sie, weil beide die erbgemeinschaft unter den seitenverwandten behandeln; und wie jene römische stelle, als die schlimmste unter den leges damnatae, sich — seit Paulus Castrensis, wenn ich nicht irre — den namen einer „horribilis lex tam doctoribus quam studiosis" erworben hat, so sagen die lombardisten von unserer stelle: „huius legis semper fuit, est et erit inter causidicos contentio"[1]. Sie haben recht geweissagt, davon zeugen die neuesten controversen unserer tage; nur dafür wollen wir einstehen, dass die zeiten des Cuiacius und Hotomanus nicht wiederkehren, deren streit um die lex frater a fratre, *wie man sagt*, sogar zu einem duell zwischen einem pariser parlamentsadvocaten und seiner frau geführt haben soll.

---

1) Monum. LL. IV, 319

Von der früh erkanten wichtigkeit unserer stelle zeugt auch der umstand, dass sie noch in einer besonderen abschrift, ausserhalb des Edictus Rothari uns überliefert ist. Ambrosius, wahrscheinlich ein schöffe in Turin oder Vercelli, hat sie im zehnten jahrhundert oder wenig später[2] in sein exemplar des Julian und der sogenanten lex dei mit der bemerkung: „Ambrosius iudex hunc legem scrisi in hoc libro" eingetragen. Aber erhebliche varianten bietet auch diese abschrift nicht; der wortlaut bleibt überall im wesentlichen übereinstimmend folgender:

Omnis parentilla usque in septimum geniculum numeretur, ut parens parenti per gradum et parentillam heres succedat; sic tamen ut ille qui succedere uult, nominatim unicuique nomina parentum antecessorum suorum dicat. Et si intentio fuerit contra curtis regis, tunc ille, qui querit, preueat sacramentum cum legitimos sagramentales suos, (et) dicat per ordinem: quod parentela nostra sic fuit, et illi sic nobis fuerunt parentes, quomodo nos dicimus.

---

[2] S. die schriftprobe in meiner ausgabe der collatio (1833.)

I. DAS PRINCIP DES GESEZES.

Hrothari wolte eine allgemeine regel aufstellen, das sagen schon die ersten zwei worte „*omnis parentilla*", und der weitere inhalt des gesezes bestätigt es. Aber nicht jede rechtsregel ist zugleich der correcte ausdruk eines rechtsprincips, und nicht jedem rechtsprincip liegt ein naturgesez, eine natürliche lebensanschauung in diesem sinne zu grunde; die rechtsregel kan eben so wohl aus der collision und verschmelzung verschiedener principien entstanden sein. Von einem natürlichen princip der erbenfolge, einer ratio naturalis, hat allerdings schon Paulus, der römische jurist, geredet, aber nur als grundlage für die gesezliche berufung der descendenten [1], und darin steht er zugleich auf dem standpunct des neuen testaments [2]. Wenn aber die kaiser Arcadius und Honorius auch das geschwisterliche erbrecht der consanguinei aus einer lex naturae ableiten [3], so haben sie doch diesem naturgesez eine volle geltung nicht eingeräumt, denn sie nehmen keinen anstoss an dem ausschluss der uterini von der legitima hereditas; sie werden also diesen ausschluss als die folge eines anderen, entgegenstehenden, princips betrachtet haben.

Ich halte mich für berechtigt, dieses lezte princip als das *agnatische*, jene „lex naturae" aber als das *cognatische* princip der intestatfolge zu bezeichnen, und dann weiter zu sagen: das agnatische princip beruhet auf der sorge für die erhaltung einer schon vor dem tode des erblassers bestehenden *rechts*gemeinschaft, das cognatische aber gründet auf die *bluts*-

---

1) cum ratio naturalis, quasi lex quaedam tacita, liberis parentum hereditatem addiceret, fr. 7 pr. de bonis damnatorum (dig. l. 2. 48, 20). Auf die naturrechtlichen anschauungen des Paulus beruft sich auch Justinian zu gunsten des erbrechts der frauen, const. 14 pr. de legitimis heredibus (cod. 6. 58).

2) »Sind wir nun kinder, so sind wir auch erben.« Röm. 8, 17.

3) Constat uirum a bonis intestatae uxoris, superstitibus consanguineis, esse extraneum, quum prudentium omnia responsa, et ipsa lex naturae successores eos faciat. const. 3 Quorum bonorum (cod. 8, 2).

gemeinschaft, einen neuen, erst mit dem tode beginnenden
erbanspruch. Jenes will das vorhandene vermögen in einem
festgeschlossenen kreise zusammenhalten, dieses gestattet seine
zersplitterung unter ganz verschiedene verwandtenkreise. Denn
man kan immer nur *einem* agnatenkreise angehören, während,
auch bei der beschränkung der blutsverwandschaft auf sechs
generationen, d. h. auf das verhältnis des tritauus zum trinepos, jeder mensch zu nicht weniger als *vier und sechzig* ver-
schiedenen cognatenkreisen gehören kan. Endlich macht das
cognatische princip keinen unterschied des geschlechtes, das
agnatische beschränkt das erbrecht zunächst auf männliche
Erben.

Die ausserordentliche tragweite dieser unterschiede wird
im wirklichen leben nur deshalb weniger empfunden, weil es
für die nächsten und gewöhnlichsten erbenkreise, für die descendenten und geschwister, schon sehr frühe zu gewissen
ausgleichungen und verschmelzungen zu kommen pflegt. Von
der lezten spize des agnatenprincips: dem vorzug der erstgeburt, wissen unsere älteren rechte wenig oder nichts[4], nur
in den rechtlichen begünstigungen einer ungeteilten erbgemeinschaft, der gemeinsamen were am erbgut[5], verräth sich das
streben, jede teilung des vermögens *ganz* auszuschliessen. Eine
weitere milderung des agnatischen princips entwickelt sich
in dem repräsentationsrecht der enkel, neben den söhnen des
erblassers, während wir in der gesezlichen abfindung der
töchter, der schwestern und der mutter, so wie in der zu-
lassung der töchtersöhne den nächsten directen concessionen
zu gunsten des cognatischen princips begegnen. Das lango-
bardische edict, welches gleich anfangs auch dem filius naturalis (nicht der filia und nicht dem natürlichen bruder oder
enkel) ein limitirtes erbteil (eine lex) gewährt hatte, war auf

---

4) Schulze recht der erstgeburt in den deutschen fürstenhäusern.
1851. S. 196 ff. 223 ff.

5) casa. domus, mansio, possessio communis. Roth 167. 199. Liutpr.
2. 4. 14. Ahist. 10. Pauli erbrecht der blutsfreunde nach lübischem
rechte. 1841. S. 88 ff.

dem wege dieser concessionen in 112 jahren (643—755) erst dahin gelangt, auch der unverheirateten, in der casa gebliebenen vatersschwester neben töchtern und schwestern des erblassers einen kopfteil zu geben [6]; weitere geszliche entwickelungen wurden durch den untergang des königreichs abgeschnitten. Im römischen rechte, in der allmähligen auflösung der legitima hereditas durch die prätorische bonorum possessio und die kaisergeseze, läst sich das stufenweise vordringen des cognatischen princips bis in die kleinsten details verfolgen; wer aber im heutigen gemeinen rechte dem agnatischen princip *alle* geltung absprechen mögte, der vergisst, dass eines der wichtigsten familienrechte: die führung des ererbten familiennamens, ein rein agnatisches geblieben ist. Wird dieser name auch der verheirateten tochter noch gelassen, so ist das — abgesehen vielleicht von beschränkten ortsgewohnheiten — mehr eine courtoisie als eine rechtliche notwendigkeit. Bis zur unbedingten alleinherrschaft hat also das cognatische princip sich nicht einmal im österreichischen gesezbuch und den wenigen ihm vorausgegangenen particularrechten [7] erheben können, worin nach der *Mayer*schen theorie, jede einzelne erbenquote nach demjenigen quantum ererbten bluts sich bestimmen soll, welches von dem gemeinsamen stammvater auf die erben übergegangen ist.

Immerhin aber ist es gewiss, und wird durch die geschichtliche entwickelung der meisten erbfolgerechte bestätigt, dass dem practischen bedürfnis primitiver rechte nur durch ein übergewicht des agnatischen princips genügt werden kan, und dass auch in mehr entwickelten verhältnissen die unbedingte durchführung des cognatischen princips, mit *völliger* beseitigung des vorzugs der näheren grade, nicht wünschenswerth erscheint. Denn je grösser die zahl der miterben, desto

---

6) Abist. 10. Die vorhergegangenen übergangsstufen finden sich Roth. 158—160. 171. 225. Grim. 5. Liutpr. 1—4. 13. 14. notit. de actoribus regis 5.

7) Namentlich im schepenrecht von seeland, südholland und gravenhagen. Wasserschleben princip der erbenfolge. 1870. S. 143. 145.

kleiner die erbportionen, desto verwickelter die erbteilung; und je entfernter die verwandschaft, desto schwieriger und kostspieliger wird ihr nachweis, desto häufiger bleibt es auch in unserer urkundenreichen zeit nur dem zufall überlassen, ob alle berechtigten miterben sich auffinden lassen, ob verspätete anmeldungen als verschuldet zurükzuweisen sind oder nicht. Auch ein barbarenvolk wird die namen seiner familien*häupter* durch mündliche überlieferung leicht zu bewahren wissen, aber vollständige genealogische tabellen lassen sich dem gedächtnis nicht einprägen. Hrothari zählt eilf väterliche vorfahren auf, von denen keiner könig gewesen; aber seiner sonstigen ascendenten, aus mütterlichen oder gemischten linien, gedenkt er mit keinem worte.

II. DIE PARENTEL.

Wir sind, wie ich glaube, bis zu einer gewissen wahrscheinlichkeit dafür gelangt, dass auch im langobardischen erbrecht anfangs das agnatische princip vorgewaltet, und dass das cognatische princip erst später auf dasselbe eingewirkt habe.. Der agnatus proximus des römischen rechts würde dann sich wieder finden in dem parens proximus der langobarden, und wie bei jenem eine nachwirkung der früheren patria potestas, so würde bei diesem ein fortbestand gewisser muntschaftlicher verhältnisse (der lancea[8]) als grundlage der erbberechtigung erscheinen.

Dass aber dem wirklich so sei, kan nur durch die genauere erklärung der worte *parentilla*, *sibbe* und *familia* festgestellt werden.

Das wort parentela, parentilla komt bei den uns überlieferten römischen autoren nur einmal vor, und hier bedeutet es die schwiegervaterschaft, also ein durch vertrag gebil-

---

8, Lex Turingorum s. Angl. et Werin. tit. de alodibus § 9 (ed. Merkel pag. 8).

detes familienverhältnis⁹, wie ja die franzosen auch unserer tage die verschwiegerung als *alliance* bezeichnen. Im langobardenlatein — in welchem *agnatus* den descendenten, auch des unfreien¹⁰, *cognatus* aber den schwager¹¹ bedeutet, wird die blutsverwandschaft durch *sanguis*¹², *generositas*¹³, *natio*¹⁴ bezeichnet; und damit stimmen auch die übrigen volksrechte überein, welche zwar eine paterna und materna *generatio*¹⁵, *progenies*¹⁶, *genealogia*¹⁷, ein paternum und maternum *genus*¹⁸ unterscheiden, das wort parentilla aber ohne näheren beisaz nur von dem agnatenverhältnis gebrauchen. So namentlich die lex salica tit. 44 § 2 (10): „qui proximior fuerit extra superius nominatos, qui singulatim secundum parentilla dicti sunt usque ad sexto genuculo" und tit. 60 rubr.: „de eum qui se de parentilla tollere uult"¹⁹; ebenso die burgundische lex Gundebati tit. 85 § 1: „si mater tutillam suscipere uoluerit, nulla ei parentella praeponatur". Nur in einer stelle des kanonischen rechts, von ungewissem ursprung, aber gewiss erst aus dem anfang des neunten jahrhunderts, werden zur recht-

---

9) Capitolinus. Gordianus c. 23.

10) Liber Papiensis Kar. 104. Pip. 12, und in vielen urkunden, z. b. Fumagalli a. 822 num. 33 p. 138.

11) Liutpr. 320 Aregis. 7.

12) Roth 187.

13) Roth. 75.

14) Roth. 198. 374.

15) Lex Turingorum tit. de alodibus § 2. 3. 5. 9.

16) pag. 8 ed. Merkel lex Sal. 59, 3.

17) Extrauagantes legis Salicae, aus der handschrift von Ivrea in Merkel's ausgabe s. 100 cap. 2.

18) Lex Burgund. 53, 1. lex Wisig. IV, 2, 10. Lex Turingor. l. c. § 8.

19) Abgeschrieben in den angelsächsischen s. g. leges Henrici I tit. 88 § 13 (Schmid s. 484). Ein lossagen (tollere) von der *blutsverwandschaft* wäre undenkbar: iura sanguinis nullo iure ciuili dirimi possunt. In einer anderen stelle dieser um das j. 1180 compilirten leges cap. 70 § 20, die aus der lex Ripuariorum 56, 2 stammt, hat erst der compilator das wort parentela eingeschoben.

fertigung der gleichen *cheverbote* für cognaten und affinen die ausdrücke uxoris parentilla, und utraque parentilla gebraucht[20].

Aehnlich steht es mit dem deutschen worte *sibbe, sippe*. Die ältere, jezt freilich von Siegel[21] wieder aufgenommene herleitung von *cippus* würde allerdings gleich auf das rein cognatische verhältnis der abstammung hinweisen; aber mir scheint doch die von Grimm gebilligte und von Graff (sprachschaz VI, 65, 66) vollständig belegte bedeutung pax, foedus, affinitas an sich unzweifelhaft und als rechtsbegrif viel befriedigender. Es war ursprünglich die fortgesezte muntschaftliche verbindung der seitenverwandten, wie den römern die agnatio eine fortgesezte, zur seitenverwandschaft erweiterte *familia* war. Eine rein cognatische familie konte es im eigentlichen sinne nicht geben[22]; die veränderung des status familiae bestand immer in der vernichtung der bisherigen *agnation*.

Erst in späteren zeiten konte durch das übergewicht cognatischer einflüsse die bedeutung aller drei worte sich erweitern. So mag man namentlich zur zeit des sachsenspiegels kein bedenken getragen haben, von einer sibbe mütterlicher verwandten zu reden.

III. DIE STUFEN DER PARENTEL.

Die parentel solte *gezählt* werden (numeretur); sie bestand also aus mehreren getrennten schichten, wie es später verschiedene sippzahlen gegeben, hat. Omnis parentilla heisst also nicht: die ganze parentel, sondern alle parentelen, ebenso

---

20) can. 14 C. 35 qu. 2. 3.

21) H. Siegel, das deutsche erbrecht nach den rechtsquellen des mittelalters. 1853. S. 17.

22) Paulus sent. rec. IV, 8, 10: Ex filia nepotes sui heredes non sunt: in aui enim materni potestate *alienam familiam* sequentes ipsa ratione esse non possunt.

wie Liutprand's omnis homo [23] durch „jedermann" zu übersezen ist. Darüber sind alle einverstanden; selbst Wasserschleben, für dessen theorie vielleicht alles gewonnen wäre, wenn sich erweisen liesse, dass es nur eine einzige gesamtparentel gegeben habe, die in dem tritauus oder dessen vater gipfelte, spricht unbedenklich von der ersten, zweiten, vierten sippe [24].

Aber diese parentelen waren, weil alle agnatisch waren, keine coordinirte, sich gegenseitig durchschneidende kreise in grösserer anzahl, es waren nur sechs oder sieben geschlossene, in gleichen distanzen sich umfangende concentrische ringe.

Wenn ich sage: „sechs oder sieben", so nötigt mich dazu ein zweifel über die eigentliche bedeutung der worte: *usque in septimum geniculum numeretur*.

Geniculum, das knie, ist das verbindende gelenk zwischen zwei gliedern. Ebenso ist *gradus*, der schrit, die verbindende intervalle zwischen zwei stufen, und daher hat auch niemand bedenken getragen, geniculum durch gradus zu erklären [25]. Aber gradus wird nicht blos von der intervalle, sondern auch von der stufe gesagt; ebenso wie generatio nicht blos die zeugung, sondern auch die durch diese zeugung verbundenen personen bedeutet. So wie nun die durch zwei, sieben oder vierzehn nächte verbundenen tage bald als zwei, sieben und vierzehn, bald aber auch als drei, acht oder fünfzehn tage bezeichnet werden; so wie wir unter der zweiten *generation* bald die kinder, bald die enkel der stammeltern verstehen, so wie endlich auch unsere namhaftesten juristen [26] vom zweiten bis sechsten *gliede* reden, wo sie den zweiten *grad* der verwandschaft meinen, während doch kein offizier nur zwei glieder seiner mannschaft zählen wird, wo er ihrer drei aufgestellt hat — eben so ist es wohl möglich, dass Hrothari unter dem siebenten geniculum nur die siebente *person*

---

23) Liutprandi notitia de actoribus regis cap. 5 (LL. IV, 182).
24) S. z. b. Wasserschleben princip s. 4. 5. 40.
25) So schon die glosse zu unserer stelle LL. IV, 317.
26) Auch Grimm, R. A. s. 468.

gemeint habe. Diese möglichkeit steigert sich aber zu einiger wahrscheinlichkeit durch den umstand, dass in den übrigen altdeutschen rechten eben so wie im römischen [27] sechs grade — das verhältnis des tritauus zum trinepos — als die normale grenze der verwandschaft betrachtet werden, ja dass einige rechte sie schon mit dem fünften grade abschliessen; ferner dadurch, dass die brancaccianische Expositio zu unserer stelle den siebenten grad ausdrüklich für ausgeschlossen von der erbfolge erklärt [28].

Ich behaupte aber nicht, einen vollgültigen beweis über diese mir zweifelhaft bleibende frage erbracht zu haben.

IV. DIE PARENTELORDNUNG.

Ut parens parenti per gradum et parentillam succedat.

Hrothari hat den ruhm eines gewandten stilisten gewiss nicht beansprucht, so wenig wie Liutprand bei den häufigen motivirungen seiner geseze den eines correcten logikers; aber an den späteren controversen über den sinn der vorstehenden worte scheint mir doch Hrothari unschuldig zu sein. Ich mögte sie übersezen: „unter den parentes des erblassers soll vor allem die nähe des grades, und wenn es seitenverwandte sind, auch die nähe der parentel entscheiden". Denn dass Hrothari in dem allgemeinen erbfolgegeseze an die descendenten gar nicht gedacht hätte, ist nicht anzunehmen; da aber für sie nur das

---

27) Dass der prätor einen besonderen fall des siebenten grades, den sobrino sobrinaue natus, als prätorischen erben zulies, komt hier nicht in betracht, teils weil es sich als ausnahme darstellt, teils weil es gar nicht die zählung der generationen, sondern die römische gradberechnung unter seitenverwandten betrift.

28) LL. IV, 332 col. 2 §. 7: per parentelam autem oportet intelligi, scilicet quod in septimum gradum nulla transit successio. — Auch das heutige österreichische erbrecht beschränkt die erbfähigkeit auf sechs linien.

einfache decendentenverhältnis, für die seitenverwandten dagegen das auf *zwiefacher* abstammung beruhende volle parentelverhältnis zu berechnen war, so war es sachlich und sprachlich ganz richtig zu sagen: per gradum et parentelam.

Diese seitenverwandten, welche in anderen stellen und anderen volksrechten [29] als parentes proximi [30] oder propinqui [31] bezeichnet werden, und die wie alle wahren erben männlichen geschlechts sein musten, entsprechen demnach ganz dem agnatus proximus des römischen rechts. Ihre berufung solte bedingt sein durch die nähe des grades *und durch parentel*, per parentelam. Gäbe es nur eine einzige parentel für alle descendenten des gemeinsamen tritauus, so würden wir *vielleicht* das *per* übersezen dürfen: „nach parentelrecht, auf grund der parentel", obwohl es in der gleichzeitigen beziehung auf den gradus gar nicht anders verstanden werden kan, als von der grössern nähe des grades; wir dürften die vermutung wagen, dass es statt per gradum et parentillam eigentlich hätte heissen sollen: per gradum et per parentillam, und dass das zweite *per* in einem anderen sinne zu nehmen sei, als das erste. Da aber, wie wir vorhin gesehen, sechs oder sieben parentelen über einander bestanden, so muss dem, nur einmal gebrauchten worte auch in seinen beiden beziehungen dieselbe bedeutung beigelegt werden: nach nähe des grades und nach nähe der sippe. Damit stimmt denn auch die entsprechende stelle der lex salica 44, 2: qui proximior fuerit . . . *secundum* parentilla usque ad sexto genuculo, denn in dem *secundum* ist auf die reihefolge der parentelen ganz unzweideutig hingewiesen.

Hieraus erwächst also für jeden erbanspruch eines seitenverwandten die doppelfrage, ob er 1) in der nächsten parentel steht und ob er 2) in dieser parentel der nächste sei, d. h. dem haupte dieser parentel am nächsten stehe; und auf

---

29) Roth 162. Liutpr. 17.
30) Lex Burg. Gundeb. 14, 6.
31) Liutpr. 13. 14.

diese zwiefache erbeslegitimation bezieht sich der weitere inhalt des capitels, wobei aber zwei fälle unterschieden werden: die legitimation den anderen erbschaftsprätendenten und die dem fiscus gegenüber. Die zweite betrift das ganze parentelverhältnis, die erste soll nur die nähe des grades *in* der parentel betreffen. Denn dem fiscus gegenüber, welcher den nachlass als erbloses gut beansprucht, heisst es:

Si intentio fuerit contra curtis regis, tunc ille, qui querit, preucat sacramentum cum legitimûs sagramentales suos; dicat per ordinem: „quod parentilla nostra sic fuit, et illi sic nobis fuerunt parentes, quomodo nos dicimus".

Diese anordnung ist so klar und sachgemäss, dass jede nähere erläuterung überflüssig erscheint. Dagegen wird einem anderen erbprätendenten gegenüber nur gefordert:

Sic tamen ut ille qui succedere uult, nominatim unicuique nomina parentum antecessorum suorum dicat,

und diese worte bilden die hauptgrundlage für die eigentümliche, von *Wasserschleben* vertretene theorie der altdeutschen erbenfolge, die wir auch ohne ihr beizustimmen, doch zu dem überaus reichen, zu ihrer rechtfertigung bestimmten material gern mit in den kauf nehmen wollen [32]. Nach dieser theorie soll es auf die nähe der parentel auf seiten des erblassers gar nicht ankommen, weil der erbe nur *seine* vorfahren zu benennen habe. Practisch aufgefasst, soll also der neffe des erblassers dem oheim, dem grosoheim, dem urgrosoheim nachstehen, weil er, obwohl zu der nächsten parentel des erblassers gehörig, doch von dem allen gemeinsamen stammvater um einen grad weiter entfernt steht, als diese personen. Sie haben, verehrter freund, dieser theorie bereits von dem standpuncte des natürlichen, cognatischen princips und des sachsenspiegels aus

---

[32] H. Wasserschleben 1) das princip der successionsordnung nach deutschem insbesondere sächsischem rechte. 1860. — 2) die germanische verwandtschaftsberechnung. Eine replik. 1864. — 3) das princip der erbenfolge nach älteren deutschen und verwandten rechten. 1870.

widersprochen; gestatten Sie mir, meine gegengründe hinzuzufügen, welche sich aus dem zuvor vertretenen agnatischen princip ergeben. Nach dem cognatischen princip würde die möglichkeit einer erbrechtlichen concurrenz verschiedener gleich naher verwandtenkreise nicht ausgeschlossen sein, namentlich die concurrenz eines väterlichen mit einem mütterlichen oheim, vetter u. s. w., und dann würde die legitimation des einen erben von der des anderen völlig getrennt sein, jeder von ihnen würde eines vollständigen nachweises der ascendenten sowohl des erblassers als des erben bedürfen. Nach dem agnatischen princip dagegen, nach welchem niemand mehr als *einer* parentel angehören konte, würden die stammeltern beiden streitenden parteien immer gemeinsam sein, und der consobrinus der einem sobrinus, der sobrinus der einem sobrino natus den nachlass streitig machte, würde diesem gegenüber nicht erst nachzuweisen haben, wer der vater und wer der väterliche grossvater des erblassers gewesen sei, weil diese frage für beide parteien eine gleichmässig zu prüfende vorfrage war: trat einmal der ausserordentliche fall ein, dass zwei verschiedene sippen den erblasser als ihren angehörigen betrachteten, dann konte natürlich auch aus dem cap. 153 keine befreiung von näheren nachweisen über diese vorfrage hergeleitet werden.

Wir haben aber auch ein directes zeugnis für den vorzug des neffen des erblassers vor dem oheim desselben in Liutprands cap. 17 a. e., einer stelle, die von dem nachlass eines brudermörders (vgl. Roth. 163) handelt. Ihn sollen die eigenen kinder nicht beerben, sondern zunächst der dritte bruder, wenn er vorhanden ist, dann die söhne des getödteten, und dann erst die „proximi parentes per gradus". Damit ist die frage vollständig entschieden. Gegen Wasserschleben's theorie, welche nicht blos auf eine concurrenz, sondern auf einen vorzug des oheims, ja sogar des gross- und urgrossoheims hinausführen würde, ist aber auch die analogie anderer rechtsordnungen geltend zu machen. Von dem *secundum* parentilla in der lex salica ist schon vorhin die rede gewesen; aber auch im römischen erbrecht, dessen entwickelung überhaupt manche überraschende übereinstimmung mit dem langobardischen aufzuweisen hat, ist an einen *vorzug* des oheims oder grossoheims vor dem neffen gewiss nie gedacht worden, obwohl der oheim und nur dieser, in der prätorischen *cognaten*folge ³³ dem neffen gleich gestanden hat. Für die *agnaten*folge dürfte schon Ulpians definition der agnaten entscheidend sein:

Si sui heredes non sint, ad consanguineos . . . si nec hi sint, ad agnatos proximos, id est cognatos uirilis sexus, per mares descendentes, *eiusdem familiae* ³⁴ u. s. w.

weil sie den unterschied zwischen der engeren und weiteren familia bestätigt; denn ohne diesen unterschied würde der lezte zusaz überflüssig sein. Sodann wird gleich nach dem bruder der bruderssohn und dann der brudersenkel berufen; weder bei dem einen noch dem andern ist von einer concurrenz des oheims die rede ³⁵, und wenn in *einer* stelle der oheim als der nächste nachfolger der zur erbschaft berufenen brüder erwähnt wird ³⁶, so erklärt sich dies daraus, dass in dem damals vorliegenden

---

33) Von dieser redet Justinian in der c. 15 § 3 de legitimis heredibus (cod. 6, 58), bevor er durch die novelle 118 cap. 3 den neffen des erblassers allgemein den vorzug vor den oheimen desselben gegeben hatte.

34) Ulpian. fragm. tit. 26 § 1 de legitimis hereditatibus (Mos. leg. collatio 16, 4). vgl. Ulpian in der collatio 16, 7, 1. Gaius I, 156. III, 10. 11. § 1. Instt. de legitima agnator succ. (3, 2).

35) Gaius III, 16: quodsi defuncti nullus frater extet, sed sint liberi fratrum, ad omnes quidem hereditas pertinet. Paulus, sent. IV, 8 § 18 (collatio 16, 3): si sint, fratre defuncto, et fratris filius et nepos eius ex fratre non existente, filius fratris nepoti praefertur.

36) Julianus, fr. 4 unde legitimi (38, 7): si ex duobus fratribus alter decesserit testamento iure facto, dein deliberante herede alter quoque intestato decesserit, et scriptus heres omiserit hereditatem: patruus legitimam hereditatem habebit. Nam haec bonorum possessio: „tum quem heredem esse oportet", ad id tempus refertur, quo primum ab intestato bonorum possessio peti potuisset. — Bekantlich bestehen Julian's digesten hauptsächlich aus gesammelten rechtsfällen.

concreten falle keine bruderssöhne existirten, und überhaupt nur die frage zu entscheiden war, wie weit der grundsaz: „in legitimis hereditatibus non est successio" auch bei der bonorum possessio unde legitimi festzuhalten sei.

Es bleibt aber noch ein zweites argument zu betrachten, welches aus den formeln einer palatino-vaticanischen handschrift für Wasserschleben's theorie entnommen worden ist. In dieser stelle [37] wird einem grundbesizer, der als trinepos des grosvaters des erblassers Petrus in den besiz gelangt war, und sich demnach als erbe des sechsten grades bezeichnete, das grundstük von einem andern streitig gemacht, der dem erblasser näher zu stehen behauptet. Nach dem wortlaut der handschrift soll er sagen: „terra illa contingit mihi ab eodem Petro, cuius proauus matris mee fuit, et ideo in de serto gradu succedere debeo." Daraus hat Boretius geändert: cuius proauus *auus* matris mee fuit, et ideo in *quarto* gradu succedere debeo, und mit der zweiten änderung bin ich völlig einverstanden, sie rettet von dem überlieferten text wenigstens die lezten drei buchstaben; und wenn auch die änderung *sexto* darin ebenso viel leisten würde [38], so steht ihr doch sachlich entgegen, dass ein erbe sechsten grades das erbe nicht allein beanspruchen konte, wenn der besizende erbe gleichfals im sechsten grade verwandt war. Auch die ergänzung *auus* scheint mir durchaus gerechtfertigt, nur nicht an dieser stelle: ich lese nicht *proauus auus*, sondern *auus proauus*. Dann beziehen beide teile sich auf denselben gemeinsamen stammvater, den *auus* des erblassers Petrus, und beide stehen somit wirklich in derselben sippe; aber dieser stammvater ist tritauus des besizers und atauus (proauus matris) des klägers, und nur in diesem falle steht lezterer wirklich im vierten grade dieser parentel, im anderen falle würde er im dritten stehen.

---

37) LL. IV, 322 a. c. 323. Leider ist in der sonst viel vollständigeren brancaccianischen handschrift diese stelle nur teilweis vorhanden.

38) Ein corrector soll über das r der handschrift ein x gesezt haben.

Wenn ich somit einer conjectur den vorzug gebe, die in der normalen auffassung der parentelverhältnisse ihre stütze findet, so darf ich freilich andererseits nicht leugnen, dass diese prozessformel, da sie den descendenten eines *mütterlichen* ahnen als erbberechtigten seitenverwandten aufstellt, mit dem princip der lex omnis parentilla nicht mehr ganz übereinstimmt. In diesem puncte erscheinen uns die glossatoren als zeugen einer vordringenden rechtsentwickelung, die bei den langobarden sich stillschweigend bahn zu brechen suchte, nachdem ihnen die ader der rein nationalen gesezgebung gänzlich unterbunden war. Bonfilius widersprach ihr mit schlagenden gründen, und auch nach ihm blieben Ariprand und Albertus bei der richtigen lehre [39]; aber Bagelardus, kritiklos und anmaassend zugleich, behauptete seinem gegner gegenüber mit seltener zuversicht, dass Hrothari's edict von männern und frauen ohne unterschied rede, und dass es namentlich auch schon die *consobrina* als berechtigte erbin behandelt habe [40]. Da hatte das wissenschaftliche streiten ein ende.

Auch ich bin für heute am ende. Was mir über andere nicht leichte fragen, namentlich über das muntherrliche und das erbrecht der ascendenten zu sagen bleibt, wird hoffentlich bald eine andere stätte finden.

Gott wolle Sie uns noch lange erhalten.

---

[39] ed. Anschütz pag. 98. 103.
[40] Monum. LL. IV, 321 col. 2 lin. 32 vgl. s. 317 lin. 36 col. 2.

II.

HISTORIAE IURIS RHENANI CAPUT QUODDAM.

VON

RICHARD SCHROEDER.

Heute vor fünfzig Jahren erschienen zu Berlin, von „Carolus Gustavus Homeyer, Pomeranus" verfasst, „Historiae iuris Pomeranici capita quaedam"; das Erstlingswerk eines damals noch wenig bekannten jungen Mannes, der später die Welt durch eine Fülle ebenso bahnbrechender wie tief gemütlich anheimelnder Werke erfreuen sollte und heute als der allverehrte Altmeister unserer Wissenschaft von Nah und Fern begrüsst wird.

Ich darf Ihnen, meinem unvergesslichen Lehrer, im Hörsale wie in der Studierstube, heute wol gestehen, dass ich schon als junger Student neben und vor Ihren Vorlesungen und allen Ihren herlichen Schriften an jenem heute fünfzigjährigen Erstlingswerke, das ich mir bei einem Antiquar zu verschaffen wusste, stets eine besondere Freude gehabt habe, und zwar, verzeihen Sie es mir, fast mehr noch an dem Titel als an dem doch so vortrefflichen Inhalte der Schrift. Der „Pomeranus" mutete mich so heimlich an, es erfüllte mich mit freudigstem Stolze, in meinem Lehrer, in dem Meister meines Faches einen Landsmann verehren zu dürfen. Und dies Gefühl ist mir bis heute geblieben, denn wenn ich auch stets ein eifriger Preusse und ein leidenschaftlicher Deutscher gewesen bin, der Pommer lag und liegt mir noch immer ganz besonders am Herzen, und ich denke, insoweit dürfen und sollen wir Deutschen schon Particularisten sein und bleiben.

Da wäre es mir eine lebhafte Genugthuung gewesen, wenn ich heute an Ihrem Ehrentage Ihnen auch historiae iuris Pomeranici capita quaedam hätte überreichen können, — allein schon seit acht Jahren bin ich unserer gemeinschaftlichen Heimat weit entrückt, und da fehlt es mir zu meinem Bedauern zu sehr an dem nötigen Handwerkszeuge, als dass ich etwas von dort her zu bieten vermöchte.

Auch was ich Ihnen hier aus meiner neuen Heimat bringe, ist nur eine sehr bescheidene Gabe, kaum wert des Titels den sie führt, zumal wenn man sie mit Ihrer Dissertation zusammenstellt. Aber sie ist Ihnen doch nicht ganz fremd, wenigstens den Codex 83a der älteren Stadtbibliothek zu Cleve haben Sie einst in Händen gehabt und selbst beschrieben[1]). So kennen Sie auch das interessante Clevische Stadtrechtsbuch das in demselben enthalten ist, so wie den Liber sententiarum den ich aus jenem Codex vor einiger Zeit auszugsweise veröffentlicht habe[2]).

Cleve war Oberhof für die Städte Huissen, Cranenburg, Udem[3]) und Griethausen, sodann für die Dörfer Kellen, Quaelborch, Ryneren (d. i. Rindern) und Opten Houwe (d. i. Ophow), denen nach jüngeren Handschriften später noch Zevenaer[4]), Weele (Well an der Maas?), Huiswerden und Zifflich hinzutraten. Viel ausgedehnter war der Wirkungskreis des Oberhofs zu Kalkar, der sich über die Städte Dinslaken, Orsoy, Büderich, Sonsbeck, Grieth und Linn[5]), so wie über das 1441 zur Stadt erhobene Isselburg erstreckte, nach einer undatierten Verordnung des Herzogs Adolf I. (1417—1448) auch über Ringenberg und seit 1474 über Goch[6]). Auch zahlreiche

---

1) Deutsche Rechtsbücher des Mittelalters S. 79 No. 126. Richtsteig Landrechts S. 4. Vgl. Zeitschrift f. Rechtsgeschichte IX S. 421 f.

2) Specimen libri sententiarum Cliviensis. Bonn 1870. Zeitschrift f. Rechtsgeschichte IX S. 451 ff.

3) Vgl. Privileg des Grafen Johann v. 1359 bei Teschemacher, ann. Cliv., Cod. dipl. No. 28.

4) Das Privileg Herzogs Johann II. v. 1487 erhob Zevenaer zur Stadt und verordnete Emmerich als Oberhof. Teschemacher, a. a. O. No. 32.

5) Südlich von Uerdingen.

6) Oberhof für Goch war ursprünglich Geldern, dann seit einem Privileg des Herzogs Wilhelm II. von Jülich (als Vormund seines Sohns, des Herzogs Wilhelm III. von Geldern) v. J. 1374 Ruhrmonde.

Dörfer holten zu Kalkar ihr Recht, so Genderich, Kreyen-Venne[7]), Winckendonk, Kervenheim, Alten-Kalkar, Till, Warbeyen, Huiswarde (später zu Cleve gehörig), Wissel, Wisselerwaert, Appeldorn, Vinnen, Obermormpter, Keppelen. Schon diese grössere Bedeutung des Oberhofs zu Kalkar macht es wahrscheinlich, dass von den beiden enge verwandten Stadtrechtsbüchern von Cleve und von Kalkar das letztere das ältere sei und bei der Abfassung des ersteren zu Grunde gelegen habe. Soweit das über das Rechtsbuch von Kalkar bisher vorliegende unzureichende handschriftliche Material[8]) einen Schluss gestattet, ist dasselbe vor der Erhebung der Grafen von Cleve in den Reichsfürstenstand, also vor 1417 entstanden. Das Stadtrechtsbuch von Cleve dagegen glaubte ich früher[9]) genau in das Jahr 1417 setzen zu müssen, weil der Codex 83a im Titel 27 noch von den Grafen, dagegen schon Titel 53 von den Herzogen von Cleve redet; zugleich schien mir daraus hervorzugehen, dass Cod. 83a die Originalhandschrift enthalte. Gegen die letztere Annahme sprach freilich schon der Umstand, dass dieser Codex erst später in das Eigenthum der Stadt Cleve übergegangen ist[10]), mehr aber noch, dass in der Handschrift einzelne Auslassungen vorkommen, die aus jüngeren Handschriften ergänzt werden müssen. Immerhin aber enthält Codex 83a eine bald nach dem Originale entstandene, recht zuverlässige Abschrift. Und da ist es nun für die Zeitbestimmung des Rechtsbuches besonders wichtig, dass sich in dem von dem Stadtrechte von

---

Erst nachdem die Stadt 1473 von Burgund an Cleve abgetreten war, wurde sie durch Privileg Herzogs Johann I. v. 1474 an Kalkar verwiesen, aber mit einem bemerkenswerten Vorbehalte in Betreff ihres Erbrechts. Vgl. Teschemacher, ann. Cliv. (1721) S. 182. Zeitschrift f. RG. X S. 214. 218.

7) d. i. Veen, zwischen Sonsbeck und Büderich.
8) Was sich daraus gewinnen liess, habe ich Zeitschr. f. RG. Bd. X Seite 210 ff. zusammengestellt.
9) Zeitschr. f. RG. IX S. 427 f.
10) Vgl. ebd. S. 421.

Kalkar völlig unabhängigen Titel 31 (v. Kamptz 32) folgende Bestimmung findet:

Weer eenich burger te Cleve, die sich onderwonde und an neme enige regimente, ampte off dienste der stat, dair hi toe voeren niet toe gesat en weer, off sin hant sloige in eenigen renten der stat op te bocren, off eenige slaite kisten der stat to off op dede, off besegelde brieve, buten oerloff des heren, off die mit voerdel end opsat weder stonde die ghesette inde geboede des burgermeesters end geswoern die si totter stat beste hedden, ind hier in van den heer off van der stat mit rechte bevonden end verwonnen wurdt, die sal den heer beteren mit live off mit guede tot sinre gnaden, ind der stat na der scepen vondeniss. ind dese burger is vort an trouweloes, eerloes, rechteloes ind meincedich, ind hem en darf niemant ten rechten staen off antworde geven ten rechten.

Diese Bestimmung steht im engsten Zusammenhange mit einer aufrührerischen Bewegung der Jahre 1423 und 1424, über welche der Herrn Advocat-Anwalt Junck zu Cleve gehörige Codex D vom Jahre 1614 [11]) als Anhang des Clevischen Stadtrechts folgenden auch sprachlich nicht uninteressanten Bericht eines dabei offenbar nicht unbetheiligten Zeitgenossen enthält.

Tot eenre ewiger gehoegnisse der buirgeren der stadt van Cleve, die nu sein und naemails sullen wesen, is to weten, dat gescheit is in den jaeren unss heren duisent vierhundert drei und [dartich] [12]) *twintich, up den koerdagh in der minre bruederen boingairt, dat die gemeine buirgeren avermitz Gerit van den Sanden und Stephen Tayb* [13]), *die oir woirden heilden, die begerden [dat men]* [14]) *der statt accisen, die to voren ein deil jairen niet geboirt noch genomen en waren, weder op to setten, und boirden (l. begerden), dat men die wein accise weder hoighden, die wat geminnert und gelegt wass. welick oir begeren wael behaeghden und genughden den buirgemeister, schepen und rait,*

---

11) Vgl. Zeitschr. f. RG. IX S. 422 f.
12) Durchstrichen.
13) Oder Taybit?
14) Ist zu streichen.

die doe der teidt geswaren hadden gewest; und des dair der tidt nietman en weder sagten, dat men apenbair woeste und verstonde, dat (l. dan) ein man gheheiten Johan Godden Shoen 15), *dat doch niet geachtet en waerdt. dan die alde geswaren voirschreven sachten, dat men den koir heilde, ende dede als dat van als* 16) *gewointliche were, und die goene, den dat als dain bevalen worde, die sollen (l. solden) voirt dair inne doin dat der statt nutt und oerber were. des doe malck volligden. und dair entheinden se gescheiden die koere, als gewontlich und behoirlich is, also dat Dederich Schincke buirgemeister waert gekairen, dan (den?) die achtein knapen van den koere op seinen eedt bevalen, dat hei mit sein mitgesellen der stadt aczise setten und ordinieren solden, na nutt und oerber der statt.*

Dair na niet langh soe iss geschiet, dat die buirgemeister voirsch. mit den geswaren und mit den achtein knapen ut guiden riepen beraede van oin allen einwerf und anderwerf op gesatt und ordinirt hebben der statt aczise, als mit namen die winaczise gehoeght, elcker voeder wins enen halfen rinschen gulden, soe dat ilcker voeder wins dat men tapt geven sall der stadt vieftenhalven rinschen gulden, und heil verkoift half soe veil. und hebben mede op gesatt, van hoppe und keute 17) *off bier toe koepe, van vette ware, van gewande und van kremereie, toe boeren alsulcke aczise als to voren dair op gestain hevet, nae inhalt der boicken und stadtregisteren. und die buirgemeister mit den geswaren und achtein knapen voirsch. waeren dat eins, ut oeren redelicheiten, datmen van den hantwerken dat ander voirs. gemein guit mede helpen verteren, dair van die statt oer aczisen nemen und hevet* 18).

Und doe dit aldus geschickt und geslaten wass in ein-

---

15) soen? 16) l. alts.

17) Eine Art Bier, auch Keiterling genannt. Vgl. Grimm, DWB. u. d. W.

18) Die Worte *datmen — — hevet* sind unverständlich; am Schluss ist wol zu lesen: *nemen solde und nomen hevet*. Der Sinn scheint gewesen zu sein, dass man es bei der Wiederherstellung der Accise belassen, die Handwerke dagegen nicht besteuern wollte.

drechticheit, tot nutt und oerber der stadt, so is hier tegen op gestain Henrich Scubbe, in twidrechticheit der stadt und der buirgeren, und hevet den buirgeren die dese voergeschreven veir aczisen geven solden, ingeblasen und weiss gemackt, off sie oin hoiren und volgen wolden, hei wold uhn helpen und raeden, dat sei der aczisen ontladen solden wesen; des die gecken geloevet und gevolget hebben, baeven anders imanden die uhin die waerheit sachten. und hebben oick na un getagen voele buirgeren van den hantwerkeren, die mitten voirg. aczisen niet' to doin en hadden, dan sei oin sachten, wat den ein hueden [19]) gescheiden, dat sal mergen [20]) den anderen geschien; dat doch van den buirgemeister niet gedacht en wairt.

Und dese tweidragh hevet Henrick voirschreven niet gevonden umb oirber der stadt, off umb huilpe und liefden der buirgeren, dan allein ohim (d. i. om) hatz und nides wille den hei hadde op somigen van den geswaren, und sein leidt dair mede to vreken. und hat Henrich hier to enige tostenders, dat schrive ich (l. ick) hier niet apenbair.

Und aldus soe blieven die voirg. vier aczisen staen ongeboirt [21]), van den koirdagh voirschreven hent des donnredagh na s. Valentins daghen in den jaer 1424. Und op den selvigen dagh dede onsse gnedige here etc. [22]).

In den jair onss heren duissent vierhondert vier ind twintich, des donnersdaghs na sint Valentins dagh, dede onse genedighe lieve her hartough Adolf van Cleve und greve van der Marck, in biwesen sinre genaiden hoichwise raeden, om den burgheren ten beiden (siden) to verenighen die toe foeren eendrechtelick waren, uitspreckende alduss:

---

19) »heute«.

20) »morgen«.

21) »unerhoben«.

22) Die drei folgenden Absätze nach einer älteren, aber etwas verstümmelten Form in dem der Landgerichtsbibliothek zu Cleve gehörigen im 16. Jh. geschriebenen Cod. AA. (vgl. Zeitschr. f. RG. X Seite 209), wo sie sich als Tit. 29 des Stadtrechtsbuches finden. Das Eingeklammerte ist aus Cod. D ergänzt.

Na gelegenheit der rechten und previlegien onser liever stadt van Cleve, und na schriften onser liever gemeiner burgeren tot onss aver gelevert, und na antwordt und wedderschrift burgemeisters, schepen und raet onser liever stadt vurs., onss oick aver gehantreickt, seggen wi, dat alsulcke acciessen, als burgemeister, schepen und raet onser liever stadt vurs. bi oeren tiden, dat si tot oeren ampte gekaren sin und oeren ede dair op gedain hebben, (in gesatt hebben) voir orber (und beste onser liever stat voirs., voirtgank hebben sullen und to oerber) onser liever stat gehefft und geburt sullen warden; und wie van den achticnen off van ander onse gemeindt dair aver und an geweest hebben, und mit geraden die vurs. acciessen to setten, und die na hebben wedderroipen, die sullen dairvoir ten rechten stain. Vort so seggen wi, dat van alle der neringhen, die in onse stadt bedreven wort, acciesen van gelden sullen und geven, als baven und beneden gewontlick iss in anderen onsen steden, oick tot onsen (l. onser liever stat) orber. Vort so seggen wi, dat onse gemeint burgeren kisen sullen alle jair burgemeister, schepen und raide und ander ampluide, als gewointlick iss. und die also gekaren warden, die sullen volkommen macht hebben dat jairlanck to doin und to laten buitten raet der vurs. gemeinten. und so wie dat jair berffelicken[23]) *und wail doin in onser liever stadt saicken, die sall des genieten; ind so wie nit berffelicken off wail doint dat jair lanck, die mach dair van voir ons beclacht warden, und to ander tit anderen in oer stede setten.*

Dese vurs. uitspraick iss gedaen in den jair vurs., in den [minrebruder][24]) *pass*[25]), *(in der minrebruderen boingart), in tegenwoirdicheit onsere genedighe lieve here. dair bi aver und an waren sin genaden hoichwiese raeden, heren Wessell Swartkop, prast tot Wissell, here Ewert van Alpen, drost ter tit des landtz*

---

23) Doch wol unser „brav", das also gegen die Annahme von Grimm, DWB. u. d. W., nicht erst im 17. Jh. nach Deutschland gekommen, sondern schon im 15. Jh. am Niederrhein bekannt gewesen sein dürfte.

24) Ist zu streichen.

25) Pascha.

van Cleve, Derick van Wickede (Cod. D: *Wichrade*), *Wolther Kerskorff, Derick Heimmerick (der tit kokenmeister), Winand Bell, (mit Everhardo Pila und Wilhelm Rasskop, schriver); dair to samen bi vergadert waren burgemeister, schepen und raeden mit den achtien van den koir, (und Henrich Scoeb mit sinn tostenderen), und vort die samentlicke gemein burgeren, und itlicker (erg. partie) wordt ein beschreven zedull gegeven van der uitspraicken, dair na si oen ten beiden siden richten solden.*

Und[26]) *er dat die voirs. utsprake geschiden, dede onss gn. heer averluit seggen: so wie dair bliven wolde bi den buirgemeister und geswaren, dat di bei oin quemen; und die bei Henrich Scoebben bliven wolde, dat die bei oen quemen; und wei der saicken ain beiden seiden ledich staen wolden, dat die duer van gingen.*

Und ter stondt doe die woirden gespraken (l. gespracken) waren, bliven die achtein und die stendige buirgeren bi den buirgemeister und geswaren voirschr., und die gemeinte woirt vluchtigh ten cloesterwart ut, dat men die doeren und poerten sluiten mosten. und Henrich Scoebb ontlippen dat meiste dele van sein tostenderen, alsoe dat hei keitmeh (?) bleeff staen mit acht off tein, schemelicken om siende[27]) *nae sein gesellen die uhin af gingen. und hie knielde (l. kniede) doe neder voir onsse gn. heren und saght: „live gn. here, nu si ick wael, woe dat ick gefaren hebb; wilt die (l. ghi) mei dit vergeven, ick soltz mei meher hueden, ick wolde min hoecke omnemen und gaen to kercken, und en kroeden mei der gemein saecken niet meher". und deser worden gelicken.*

Dan die eixter en lettet oir huppen niet[28]).

Want hier na op den koirdagh in den jair 24 voirschr. wass Henrich Scoebbe sinre kerckheucke all vergeten, und began doe ein ander twedraght, voel boiser dan die irste, und mackten

---
26) Von hier an wieder nach Cod. D.
27) »Sich schamerfüllt umsehend«.
28) »Doch die Elster lässt ihr Hüpfen nicht«. Vgl. Grimm, DWB. III S. 418 den Auszug aus Günther: „Der Elster renkt den Steiss und lässt das Hüpfen nicht."

doe mit seinen principal tostenderen, mit namen Johan Peters, Johan Meinerswick, Johan van der Maesen, Johan Ere van Holtmaess etc., ein neien onmarnirlicke und oinbehoirlicke koere, buiten buirgemeister und geswaren die doe waren, und ededen alsoe malckanderen op den koer te doin buiten imantz geheiten, und koeren in alsullicker aveisen buirgemeister schepen und raede und rentmeistere und baede, und richten des heren und der statt rade, und geboeden und verboden allre mallick, weiss si to raden woirden, und bezegelde(n) der statt blocke to mit drien zegelen, und dreven voirt meniger hande avise und geck spoele, langer dan ein maende. und oir gecksmeren volgde voele van den slechten buirgeren, gemeinen buirgeren, die deils niet en woisten dat sei ovel deden. und sei en wolden nimant van onss heren raet nogh anders hoiren, die seie straffde off anders riede dan si wolden.

Hent dat onsse gn. heere voers. toe lande quaem, und leit dese voirs. sachen (l. sacken) voer un kommen. und doe hi die van beide seiden langh verhoert hadde, begerden hi, dat men uhin op dein dagh den koere geven wolde te dohen, gelicke als die van allen (alden?) herkommen op den koerdagh laest geleden solde geschiet weesen, beheltclick voir ain alle wegen der statt ons rechten van oeren koerdagh und van allen saicken. und dat gescheiden na begerten onss heren. und doe ter stoent sette onss genedige here buirgemeister schepen raede rentmeisteren und baede, die doe gestedigh worden; und regirden dat jaer ut heint koerdagh toe, ut gesayht[29]) Johan van der Maesen, die ein schepen gesatt wass, und vernaem na, dat hei gein buirger en wass; dairumb setten men oin aff, als belick wass.

Koertlich hier nae in den selven sommer, woe waell onsse gn. here voirschr. alle dese averdedigen saeken voirschr. und voell meir guider tierlicken bei siden gelaght hedde, so en lagh noch die cloett niet[30]). het geveil, dat die richter van gheheiten meins gn. heren Henne mit der Muisen, sinen gecke, aentaesten,

---

29) »ausgenommen«.

30) »So lag die Kugel doch noch nicht still«. Ueber cloct vgl. Homeyer, Richtsteig Landrechts S. 43.

*und leiden oin op dat huiss, alsoe dat dit Henrich Scoebben, die
doe der statt raet wass, irsten to weten woirdt avermits twe
buirgeren; des hei niet weisslich en beleiden(?) als hei belix gedain soll(t) hebben; want hei raech wass als voirschreven is,
und uhn doe der (l. ter) tit doe die gemeite bethoirich (l. gemeinte
bet hoirich) wass, dan sommigen anderen van den geswaren* [31]).
*und dair van so quaem ein oploip van voele der gemeine buir-
gere, und liepen hoefdenloiss als onsinnige minschen in der nacht
roepen, krieten und dreigen in den huisen (und) op der straten
den richter, buirgemeister etc.; und quamen voir onss gn. heren
slaett, aldus onbestuirt, und riepen und klopten voir die porte,
und wolde(n) oiren buirger gelevert hebben, alsoe dat die richter
oen Hennen voirschreven leverden etc.*

*Und want Henrichs voirschr. dese oploepe voirschr. in
den irsten het moegen keren, hed hei sich weisselich dair in
besonnen, als die gene seggen die dair bei waren, woe wael dat
hei des then lesten gein macht hadde to keere(n), so is leider dair
van kommen, dat unser stattrechten und privilegien gebroecken
und ontfreit sein aen voele onsser buirgeren, tot twe und viftigh
to, die umb der voirschr. saicke to ener teit voir die bancke, dair sei
van onssen gn. heren wegen gebaedt waeren und niet to gesprochen
(l. gespracken), mit gewapender hand op genomen woerden,
und woirden op 't huiss geleidt und gelaigh(t) in gefenckenisse
ons gn. heren, dair ut sei weder mit groeter swaerer beden,
deels beheltlick oeres lives und deils beheltlick (oeres) guedes,
geholpen und verbeden sein; wo waell die sommigen groeten
scholt hadden, indien duttet un mitten rechten avergaen waiss
off avergaen were. und want dat wall is to vermoeden, dat onsse
gn. heere sich nae hier umb bedacht hett, dat hi bevalen hevet
seinen amptluiden oer geweldige hand to slain ahin (l. ain)
sein buirgeren voirschr., die hei gefreiet hevet then rechten to
sitten, daer oick veil seggens und rumoirs in desen lande ind
in omgelegen landen geet* [32]).

---

31) »Denn er war rachsüchtig, und die Gemeinde hörte zu jener
Zeit mehr auf ihn als auf die andern Geschworenen«.

32) Graf Adolf I. von Cleve hatte seinen Bürgern in dem Pri-

Und alle deise saicken sin irstwerve herkoemen und oin ain kommen ut dem irsten fundament des haetz end nitz, dair ut gespraeten is all twidragte Henricks Scoebben und sinen (l. siner) tostenderen voirschreven.

*Umb dain Henrichs voirschr. sins swere(n) arbeitz een deil to loenen, so heft hei (der Herzog) den selven avermitz seinen richter doin beclagen mit dreien clagen, die beordelt sein, op wellicken clagen Henrichs voirschr. geantwoirt hevet, alsoe dat drei oirdelen dair (deils?) op Henrichs guede und deils op beteringe mit sine(n) live (ergangen sin). dairumb [dat hei]*³³) *in den jair 1426 (?) op der octaven van passchen voirschr. is kommen Henrich Scoebben voirschr. voir die schepen Johann Arnss und Henrich Spicker, und hevet ahin (l. ain) Wanner Ezels, richter to Cleve, handen voirseckert und na mit opgerichte vingeren und mit gestavenden eden lifflich aver die heiligen geswaren, dat hei nummer mehir tot enigen teiden mit raede off mit dade, mit woirden off mit wercken off mit eniger wetenschap in enige (wise) doin en sall tegen den hoegebaeren furst hartough Adolph van Cleve und greve van der Marck, noch tegen oer landen, luide, drossel, richteren, bade und anderen oiren ampluiden und ondersaten, nu off namails, noch tegen buirgemeister, scepen, raede off enigen anderen buirgeren der statt van Cleve, noch tegen rechten und alden guiden gewointen und herkommen, off geschien mochten van enigen saicken, stuckten off geschickten die geschiet sein off dair ut rueren und kommen mochten van ennigen saicken. dairom dat (l. dan) Henricks voirschr. voir die crucen in processie die kersen op den dach voirschreven gedraegen und andere voetfallen und boete gedain hevet, als uhn dat mit ordell und mit recht geweiset wass te doin avermitz der schepen van Cleve, die dat ghehalt hadden und to hoefden weiss waren woirden, und mede dat hei nummermeire umb alle deise voirschr. saichen (l. saicken) mitter woninge uten lande van Cleve varen sall, sonder argelist.*

vileg v. 1368 ausdrücklich die Zusicherung ertheilt, dass keiner ohne Urtheil und Recht gefangen gesetzt werden dürfe.

33) Ist zu streichen.

Und hier mede hevet die cloet, die langh geloipen hatt, ein stede vonden. Gott geve't, dat hei nogh ruste[34]).

Und dit voirschr. geschefte is dairumme geteikent in der stadt register, toe enen ewigen gehoegen und spigel alle den goenen die nu sein und na ons wesen sullen, op dat sich een iegelich voege und hir inne spiegel, dat hei sich niet en bewere nogh onderweinden dat oen niet toe behoirt noch bevalen is; sei moetent doch hier of namals verantwoirden, want wenich onderweindens breinghet voel onrusten, und leste so veindt die bolche die mese[35]), ergo etc.

Het is oick mede to weeten, alsoe onsse gn. heer voirschr. in sinre voirschr. utsprekinge gesaght hevet van den koere to doin, aldus voirt seggen wi, dat onsse gemeine buirgere kiesen sullen buirgemeister, schepen, raede und anderen ampten, als gewontlick is etc. soe hebben onss heeren gnade in den jair 1425 op den koerdagh bei Elbert van Alpen, drosset, und Derich Hemmerix, rentmeister, dat voirsch. punte in tegenwoirdicheit der gemeinten[36]) doen verclaren aldus: dat mins heren genaden willen, dat die koir geschie so die van altz dat allre gewointlickste iss [dinstlicken iss][37]), dat iss na aller maniren und formen als voir in desen anbegin gescreven steet. und die droist vurg. hefft bevalen van weghen onses genedighen lieven heren op den selven dagh ein ichelick burger, op sin lieff und op sin

---

34) Ist in der Handschrift eingeklammert.

35) Bolch ist nach Grimm (DWB. u. d. W.) ein grosser Fisch. Mese dürfte aus mesko, d. i. Masche, Netz, entstellt sein.

36) Von hier an wieder nach Cod. AA (s. Anm. 22). der diese Urkunde v. 1425 unmittelbar auf die v. 1424 (s. S. 26) folgen lässt, und zwar mit nachstehender Einleitung: *Vort, om onrast und onleden op den koir to miden, so iss to weten, dat also onse genedighe live heer hartough Adolf vurs. in sinre genaiden uitspraicke gesaicht van den koir alduss t' doin, so hebben sin genaden in den jair onss heren duisent vierhondert und XXV, op den kersdagh (l. koerdagh), bi Elbert van Alpen, drost des lands, Derick Heimmerick, rentmeister des lands, dat vurs. punt in tegenwoirdicheit der gemein burgeren doin verclaren aldus etc.*

37) Fehlt in D.

guit, dat dair nimant teghen en sie, noch en doe, dair in dat enighe onlede off enighe onrast van kommen moighen.

Eine wesentliche Ergänzung des vorstehenden Berichts, insbesondere nach der prozessualischen Seite, liefert Kapitel 110 des wol bald nach jenen Vorgängen zusammengestellten Liber sententiarum[38]). Danach gieng das Urtheil gegen Heinrich Scoebbe besonders dahin, dass er, nur mit Hemde und Hose bekleidet, barhaupt und barfuss, sollt *gaen vor die processie om den kirkhof, mit eenre waskersen in sinen handen, die te brengen in die kerke vor dat heilige sacramente;* alsdann sollte er vor der Bürgerschaft, vor Schöffen und Rat niederknien und also sprechen: *„Burgermeister, scepen ind rait, heb ic iet gesocht of gedaen in worden of in werken, dat tegen u is gewesct, dat heb ic t' onrecht gedaen, ind dat is mi leet, ind bid u om gads wil ind om onser liever vrouwen wil, dat gi mi dat vergeven wilt."* Aber trotz dieser Abbitte sollte er doch bleiben *eerlois, trouwelois end meinedich.*

Hält man nun hiermit den oben (S. 24) mitgetheilten Titel 31 des Clevischen Stadtrechts zusammen, so kann kein Zweifel sein, dass die detaillierten Bestimmungen des letzteren ihre unmittelbare Veranlassung in dem Treiben des Heinrich Scoebbe gehabt haben. Das Rechtsbuch muss demnach, ebenso wie der Liber sententiarum, bald nach 1424 abgefasst sein, und nur aus einer Nachlässigkeit des Schreibers ist in dem Formulare für den Huldigungseid der Bürger (Titel 27) der aus alter Zeit überlieferte und erst in jüngeren Abschriften beseitigte *greve van Cleve* stehen geblieben.

Zu dieser Zeitbestimmung passt es auch, dass Titel 1 (v. K. 2) des Stadtrechts das in der „Aussprache" des Herzogs Adolf v. 1424 gewährleistete ius statuendi der Schöffen und des Rats, unabhängig von dem etwaigen Widerspruche der Bürgerschaft, zum Theil mit denselben Worten wie die „Aussprache" bestätigt[39]). Der Verfasser unsers Berichts nimmt niemals auf

---

38) Zeitschrift f. RG. IX S. 467—470.
39) Zeitschrift f. RG. IX S. 428 f. Siehe oben S. 27.

eine Stadtrechtscodification Bezug, sondern er spricht nur von den „Rechten und Privilegien"oder von dem „Register" der Stadt; auch der Liber sententiarum weiss von dem Rechtsbuche noch nichts und ist wol gleichzeitig mit diesem entstanden.

Einen weiteren Anhalt könnten die Accisetaxen gewähren, denn nach unserm Berichte sollte dem Beschlusse von 1423 zufolge ein Fuder Weins beim Verzapfen fünftehalb Gulden entrichten, während die Accise bis dahin $\frac{1}{2}$ Gulden weniger, also 4 Gulden betragen habe; ein im Ganzen verkauftes Fuder sollte nur halb so hoch besteuert werden. Nun betrug nach Titel 197 (v. K. 198) der jüngeren Texte des Stadtrechts die Weinaccise 5 Gulden für das verzapfte Fuder, es hatte also noch eine weitere Erhöhung stattgefunden; dagegen bestimmt der letzte Titel des ursprünglichen Textes: *Item, op een voider wins toe tappen 3 alde schilde,* so dass wir für diesen Titel des Stadtrechtsbuchs allerdings wol ein etwas höheres Alter anzunehmen haben.

III.

DER PROCESS IN DER MÖRIN

DES HERMANN VON SACHSENHEIM,

EIN BEITRAG ZUR GESCHICHTE DES GERICHTLICHEN VERFAHRENS IM 15. JAHRHUNDERT

VON

HUGO LOERSCH.

Dem Festtage darf nach dem Brauche alter wie neuer Zeit das Festspiel nicht fehlen. Wenn ich die kleine Gabe, die ich als Zeichen aufrichtiger Verehrung und als Boten meiner Glück- und Segenswünsche zu übersenden mir erlaube, gleichsam als ein solches, dem heutigen Tage gewidmetes aufgefasst wissen möchte, so klingt dies verwegen. Die kühne bildliche Bezeichnung darf ich aber desshalb wagen, weil in der That das was ich biete, dem unübertroffenen Herausgeber der Richtsteige Land- und Lehnrechts, dem Meister, der uns deren Gerichtswesen geschildert, als spielende Wiedergabe ernst gemeinter Vorschrift und Darstellung erscheinen wird. Auch habe ich mich ja, das Fehlen eigener Kraft und Anlage richtig würdigend, nicht selbst in dichterischer Erfindung und Darstellung versucht, mich vielmehr darauf beschränkt, das Werk eines vor mehr denn vierhundert Jahren verstorbenen, längst verschollenen Dichters meinem Zwecke dienstbar zu machen. Stoff und Text entnehme ich nämlich der „Mörin" des Hermann von Sachsenheim, einem Gedicht, das in mehreren Handschriften erhalten ist, und im 16. Jahrhundert viermal gedruckt wurde. Unsere Literaturgeschichten bezeichnen es als eine processualische Allegorie und heben namentlich seine vielfachen Anspielungen auf die Heldensage und seine Bedeutung für die Sittengeschichte hervor [1]). Der Verfasser nennt sich selbst einen

---

1) Ueber Handschriften und Ausgaben gibt Goedecke, Grundriss zur Geschichte der deutschen Dichtung, 1, 86 Auskunft. Vgl. auch Wackernagel, Literaturgeschichte, 293, und Kurz, Geschichte der deutschen Literatur, zweite Auflage, 1, 684 ff., der mittheilt, dass Hermann 1458 neunzigjährig starb und zu Stuttgart in der Pfarrkirche begraben wurde.

Ritter und einen freien Schwaben; seine engere Heimath (wohl
Gross- oder Klein-Sachsenheim bei Stuttgart) gehörte zum
Bisthum Constanz, wie mehrere unten mitzutheilende Stellen
zeigen. Das Gedicht hat er für einen Baierischen Fürsten, in
dessen Dienst er gestanden haben mag, geschrieben; er berichtet wenigstens am Schlusse:
>   Dem edlen fürsten hochgeborn,
>   welchen ich mir hab außerkorn,
>   und darzuo eyner fürstin guot,
>   sie seind auch beyd von einem bluot:
>   auß Beyerland Pfaltzgraf bei Rein,
>   zu Osterreich eyn hertzogein,
>   hab ich diß red zu dienst gemacht. (46$^{v'}$ 1.)

Wir erfahren von ihm, dass er die „Rede" aufschrieb
>   . . . im dritten jar,
>   als man nach Jubileus zalt,
>   do babst Nicolaus mit gwalt
>   den sündern all ir sund vergab; (46^v, 1.)

also im Jahre 1453. Dazu stimmt es denn auch, dass er die
1495 zu Herzögen erhobenen Würtembergischen Landesherren
noch als Grafen kennt:
>   . . es seind doch grafen guot,
>   lang her geborn von hoher art,
>   besunder jetzt von frawen zart
>   wirt ir geschlecht von hohem stamm;
>   wiewol sie nit hond fürstennam
>   so seind sie doch wol ir genoß. (33, 1.)

In Bezug auf Erfindung und Darstellung mag das Gedicht recht mittelmässig sein, namentlich wirkt die Breite
der Erzählung vielfach ermüdend. Dieser letztern Eigenschaft
verdanken wir aber eine bis in die kleinsten Einzelheiten
sich ergehende Schilderung des gegen den Helden geführten
Processes, welche es wohl verdient, allgemeiner bekannt zu
werden, und die ich desshalb hier möglichst kurz, aber unter
Beibehaltung des Wortlauts der rechtsgeschichtlich bedeut-
samen Stellen, wiedergebe.

Ich benutze die Ausgabe von 1538 in klein Folio, von der mir das in der Münchener Hof- und Staatsbibliothek aufbewahrte Exemplar durch deren Director Herrn Professor Halm freundlichst zur Verfügung gestellt worden ist, und über welche ich, ihrer Seltenheit wegen, etwas genauer zu berichten mir erlaube.

Der vollständige Titel lautet:

Die Mörin.

Eyn Schöne Kurtzweilige
vnd Liebliche Histori, welch durch weilandt Herr Herman von Sachsenheym Ritter (eyns abentheurlichen handels halben/ so jm in seiner jugent begegnet Beschriben vnd hernach die Mörin genant ist.
Allen denen so sich der Ritterschafft gebrauchen: Auch zarter fräwlin diener gern sein wollen: Nit alleyn zu lesen lustig/ vnd kurtzweilig/ sonder auch zu getrewer warnung nützlich vnd erschießlich ꝛc. an tag geben.

(Folgt ein Holzschnitt.)

Zu Wormbs truckts Sebastianus Wagner.

Nach dem Titelblatt kommen zunächst zwei nicht numerirte Folien; diese enthalten eine an Ritter Jacob Bock gerichtete Vorrede des Herausgebers Johannes Adelphus Physicus, vom 1. November 1512, die also der ersten Ausgabe entnommen ist, und eine Inhaltsangabe in Versen. Dann folgen 47 mit römischen Zahlen bezeichnete Blätter, auf deren letztem das Register steht, an dessen Schluss Ort und Jahr des Drucks angegeben wird:

Inn der Keyserlichen Frei vñ
Reichstatt Wormbs truckts Sebastianus Wagner/ Nach Christi geburt im jar
M. D. XXXVIII.

Der in 39 Abschnitte eingetheilte Text ist in zwei Spalten gedruckt, nur die Ueberschriften füllen bisweilen die ganze Breite der Seite.

Herr Professor Springer hat auf meine Bitte die Güte gehabt, die in unserer Ausgabe befindlichen Holzschnitte in Bezug auf ihre Herkunft und Entstehungszeit genauer zu untersuchen. Die mir von so sachkundiger Seite gewordene Auskunft theile ich selbstverständlich unverkürzt im folgenden mit:

Die Wormser Ausgabe der „Mörin" (1538) ist mit 20 Holzschnitten geschmückt, von welchen das Titelbild dreimal (Bl. 9, 11 und 27), das Speisezelt (Bl. 22^v) einmal (Bl. 32) wiederholt wird. Die Grösse der Schnitte wechselt. Die Darstellung des Zuges zum Gericht (Bl. 7) nimmt die Breite von zwei Seiten, die Schilderung des Venusberges (Bl. 31) die Höhe eines Blattes ein; bei den übrigen Bildern beträgt die Höhe bald 13, bald 16 Cm., die Breite gewöhnlich 13 Cm. . Die Holzschnitte zerfallen in zwei Kategorien. Die einen sind unmittelbar für das Gedicht des Hermann von Sachsenheim gezeichnet worden, können als wirkliche Illustrationen desselben gelten; die anderen wurden fremden Werken entlehnt und hatten ursprünglich auf die „Mörin" keinen Bezug. So stammt der Venusberg aus der Strassburger Ausgabe des Terenz v. J. 1496, wo er mit der (später weggeschlagenen) Unterschrift: „theatrum" das Titelblatt ziert; ebenso ist die mit Musikanten besetzte gothische Galerie, über deren Brüstung mehrere Personen herabsehen (Bl. 3), aus einem früheren Werke fremden Inhalts, ich muthmasse aus Geilers Navicula fatuorum genommen. Nebenbei sei bemerkt, dass die Initiale S am Anfang der Vorrede aus dem grossen Kinderalphabet des Urse Graf, welches in Basler Drucken 1517—1519 gebraucht wurde, herrührt. Aber auch die anderen Schnitte, welche direct für die „Mörin" entworfen wurden, sind nicht mit dem Wormser Drucke gleichzeitig, sondern aus einer älteren Ausgabe beibehalten worden. Die an den Metallschnitt erinnernde Härte der Umrisse, die mangelnde Kreuzschraffirung, die Behandlung des Laubes, der sogen. Baumschlag, die Zeichnung der Köpfe und der Gewänder, kurz alle künstlerischen Merkmale stellen es als gewiss dar, dass diese Holzschnitte der alemannischen Schule, welche von 1492 bis ungefähr 1516 eine so grosse Thätigkeit gerade auf dem Gebiete der Buchillustration entfaltete und häufig mit Hans Baldung Grien in Verbindung gesetzt wird, angehören. Da die alemannische Holzschneideschule vorzugsweise für den Strassburger Buchdrucker Joh. Grüninger arbeitete, die „Mörin" aber 1512 von Joh. Grüninger gedruckt wurde, so ist es kaum noch zweifelhaft, dass die Holzschnitte der Wormser Ausgabe 1538 der Strassburger Edition v. J. 1512 entlehnt sind. Das Wandern der Holzstöcke aus einer Druckerei in die andere, ihre wiederholte Benutzung ist bekanntlich eine weitverbreitete Gewohnheit der ersten Hälfte des sechszehnten Jahrhunderts.

So mag denn nun, um bei dem Eingangs gebrauchten Bilde zu bleiben, der Vorhang sich theilen und unser etwas trockenes Spiel beginnen.

Der Erzähler, Herr Hermann von Sachsenheim, zugleich der angebliche Held des Gedichts, wird auf einem Spaziergange in dem bei seinem Schloss gelegenen Walde von einem Zwerg durch Zauberkünste gefangen, eingeschläfert, gebunden, in eine Truhe gelegt, und in dieser übers Meer in das Land der Frau Venus gebracht. Hier angekommen wird er aufgeweckt und zwar von seinen Banden befreit, jedoch sofort in einen Stock geschmiedet [1]), worauf dann eine Mohrin, die Vertraute der Königin Venus, erscheint. „Gegrüsset seistu auf hofrecht" (4, 2) redet sie den Gefangenen an [2]), dann

---

[1]) Der entsprechende Holzschnitt, Bl. 3v, zeigt ein solches, zur Aufnahme von zwei Personen eingerichtetes, aus schweren Holzblöcken bestehendes Instrument, das im freien Felde vor einem, ebenfalls für zwei Personen bestimmten, Pranger steht. Nicht bloss die beiden Beine des Ritters sind bis über die Kniee durch die in den Balken ausgehöhlten Oeffnungen gesteckt, auch seine rechte Hand ist durch eine eiserne Spange am Block festgehalten.

[2]) Bei der Mittheilung einzelner Stellen gebe ich in Klammern

ladet sie ihn auf den folgenden Tag vor Gericht, ohne anzugeben, welches Verbrechen ihm zur Last gelegt wird:

Sie klopft mich mit dem stäblin an,
und sprach: „Du ungetrewer man,
ich lad und heysch dich für gericht,
magstu dich morn versprechen nicht,
so wirt der todt dein eydgesell." (4^v, 1.)

Der Ritter verbringt, von vielen Wächtern gehütet, traurigen Sinnes die Nacht im Block. Bei Tagesanbruch naht sich eine bewaffnete Schaar.

Vor in man her ein fenlin truog,
das selbig war geferbet rodt,
domit bedeuten meinen todt,
daß man wolt richten übers bluot,
Ich hort auch leuten, als man thuot,
eyn glock zuom dritten mal zu gricht. (5^v, 1.)

Sie führen ihn gebunden „auf eynem alten Esel oder Maulthier, hinderwertlingen, mit viel gespött, eynem seltzamen geschrey, und eyner grossen menig volcks zu fraw Venus der königin." (Ueberschrift: 6, am Ende.) Diese lässt ihn hart an, und alsbald erscheint auch König „Danhauser" mit zwölf Rittern das Gericht zu bilden. Der treue Eckart, der sich in Frau Venus' Land aufhält, tritt aber herbei und tröstet den geängstigten Hermann:

„Zu fürsprech soltu fordern mich,
ich wil ernern das leben dein." (7^v, 2.)

Nachdem der König und viele der anwesenden Fürstinnen und Ritter vergebliche Versuche gemacht, die Königin

---

das Blatt der benutzten Ausgabe von 1538 und durch die kleinere Zahl die Spalte an. Die Schreibweise der Vorlage ist der Hauptsache nach beibehalten; jedoch sind grosse Buchstaben nur beim Anfang der Sätze und in Eigennamen, i immer als Vocal, j nur als Consonant gebraucht. Die häufige Verdopplung von n und f ist unberücksichtigt gelassen, das über u stehende o ersterm nachgestellt, die Interpunction selbstständig gestaltet.

zum Unterlassen ihrer Klage zu bewegen, beginnt die Verhandlung auf dem in der Nähe befindlichen Gerichtsplatz, wo das rothe Banner aufgerichtet wird und der König mit den zwölf Rittern „das gestül" besteigt [1]).
Die Königin tritt auf:
„. . . Herr küng, ich rüf euch an,
dort steht der ungetreuwe man . . .
Ich rüf euch an und das gericht." (9^v, 1.)
Zur Darlegung ihrer „zusprüch" erbittet sie sich die Mohrin Brinhild als Fürsprech:
„Herr küng, zu fürsprech günnet mir
die mörin schwartz, nach meiner bgir,
und warner, röner auch dobei."
Der edel künig sprach: „Das sei;
ich gund, das ich von recht auch sol." (9^v, 1.)
Frau Venus befiehlt der Mohrin:
„Verding dich bald, das ist mein bger." (9^v, 1.)
Diese verdingt sich vor dem König, dann aber bittet jene um Gespräch:
„Herr küng, ich wil bedencken mich
mit meinen werden frawen zart." (9^v, 2.)
Da tritt ihr Eckart als Freund des Angeklagten entgegen:
„Neyn," sprach do der getrew Eckart,
„es ist noch niergent an dem end;
hie spricht der mann, er sei ellend,
gefangen wider Gott und recht,
noch gebotten, mit des grichts knecht
sei im nit kommen heym zu hauß.

---

[1] Der Holzschnitt Bl. 9 zeigt den Gerichtsplatz. Innerhalb einfacher Schranken, die ein längliches Viereck bilden, sitzt der König mit goldner Krone und goldnem Stab nebst vier Beisitzern. Am Eingang der Schranken der eine Urkunde verlesende Schreiber, ausserhalb derselben seitwärts der von einem Gepanzerten bewachte Ritter mit Eckart, vorn die Königin mit ihrem Hofstaat und der Mohrin.

> Herr köng, do nempt ir billich auß,
> was sich zuom rechten do geburt."
>
>> Mörin sprach: „Das ist nit antwurt
>> darauß ich mich gerichten kan."
>
>> Der Eckart sprach: „Hic steht der man
>> und bgert, daß ich sein fürsprech sei."

Die Königin wendet ein:

>> „Er kan doch selber klaffen gnuog"

Dagegen aber

> Herr Eckart sprach: „Es hat nit fuog,
> herr edler köng von hoher art;
> hie steht der mann gar unbewart
> mit freunden und den magen sein,
> man zieg in nicht, er wer von Rein
> eyn geck, das wißt er selber wol,
> darumb er billich haben sol
> eynn fursprechen an seinem radt,
> dieweil es im ans leben gaht." (9ᵛ, 2.)

Tannhäuser, der (wie die Ueberschrift es ausspricht) „der königin bessers dann dem ritter gund, wiewol er eyn gleicher richter sein solt", verzögert seine Entscheidung und meint:

> „Eckart, die köngin lasset gon
> an ir gespręch, das dunckt mich guot;
> wenn sie ir klag dann melden thuot,
> was ich mit recht dann sprechen sol,
> das gunn ich im von hertzen wol." (10, 1.)

Des ist Eckart zufrieden; die Königin zieht sich zum Gespräch zurück

> mit mancher frawen kluog und rech,
> notarien, meyster on zal,
> als obs rechten wölt umb Tyral. (10, 1.)

Sie stellt in deren Kreise die später in der Klage aufgezählten Vergehen Hermanns dar; eine der Frauen wirft die Frage ein:

„Habt ir in gfordert für gericht
zu seinem hauß, als man dann sol?" (10, 2.)
welche mit Hinweis auf den Unglauben des Beklagten, der nicht an Machmet, sondern nur an Jesum Christ sich halte, verneint wird.

Die Anwesenden sind nach den Mittheilungen der Königin darüber einig, dass Hermann
.. ist nit wirdig zu dem schwert,
man sol in richten mit dem strik, (10^v, 2.)
und begeben sich, nachdem vier Büttel „mit gulden stäblin klar und fein" sie gerufen, zur Gerichtsstätte.

Die köngin do die mörin nam
und tratt her für den könig reich.
Der könig und ritter neigten sich
und machten all ir heupter bloß.
Die köngin sprach mit zorn so groß:
„Herr köng, vernempt, was ich euch klag
und was euch hie die mörin sag
an meiner statt, das sei gethon."
Do thet Eckart herfürer gohn
und sprach: „Nein herr, es ist nit zeit
biß daß es ewer urtheyl geidt.
Ich stand allhie für disen man
und nimm mich seiner sachen an,
als ein getrewer fürsprech sol.
Kündt ich mich auch verdingen wol,
als dort die mörin hat gethon,
das thet ich gern . . ." (11^v, 1.)

Eckart erbietet sich wiederholt zum Fürsprecheramt, und der König kann nicht umhin, ihn anzunehmen:
. . . „was billich ist
sei dir erlaubt, on argen list." (11^v, 2.)

Eckart sucht nun vor allem den Ritter von seinen schimpflichen Banden zu befreien.
Der Eckart sprach: „das ist mir lieb,
hie steht der mann, als wers eyn dieb,

> mit sieben seyln gebunden hart;
> das sol nit sein nach ritters art,
> er sol gantz ungebunden ston,
> röner und warner sol er hon
> und publicus an seinem radt,
> sindt er on all sein freund hie stat." (11ᵛ, 2.)

Und da die Mohrin gegen die Abnahme der Fesseln protestirt, wiederholt er:

> ... „Das dunckt mich schwer,
> daß man sol sprechen übers bluot
> gebunden eynen ritter guot.
> Das sol nit sein, das wisst ir wol,
> hie vor dem könig zu Karadol.
> Liess er niemands fahen on recht,
> ich meyn, die urteyl sei gar schlecht.
> Ich setz es hin zu ewerm spruch." (11ᵛ, 2.)

— sei doch sein Client durch Zauberkünste übers Meer geführt.

Der König lässt beide Parteien zum Gespräch abtreten. Im Kreise der Klägerin wird die Frage aufgeworfen, ob man nicht dem Eckart das Reden verbieten, ja ihn des Landes verweisen solle. Da meint aber eine der Frauen warnend: „es

> .. wer dem rechten unbequem
> so man im seinen fürsprech nem,
> der im zu recht erlaubet ist." (12, 1.)

Sie räth der Brinhild, sich auf Durchführung ihrer Anklage zu beschränken:

> „nimm für des mannes missethat
> von wort zu wort am zedel dein." (12, 1.)

Das Gespräch wird abgebrochen, die Verhandlungen beginnen wieder;

> hin giengen sie gar unverzagt
> für das gericht und neigten sich.

Da die Mohrin ohne weiteres ihre Klage, die sie in einem Zettel formulirt hat, beginnen will, erhebt Eckart

Widerspruch: vor allem müsse die Frage, die er zuletzt aufgeworfen, durch Urtheil entschieden werden.

 Der Eckart sprach: „Das meyn ich nicht;
 ir wisset wol, daß es nit zimpt
 eh daß die urtheyl eyn end nimpt,
 die ich zu recht gesetzet hab." (12, 2)

Unter mehrfachem hin- und herreden besteht Brinhild auf ihr Verlangen, die Klage vorzubringen,

 „es wissent alle Fürstin wol,
 welcher wirt gefürt für gericht
 als eyn vermelder schalckhaft wicht, (12, 2. a. E.)
 der sol billich gebunden ston." (12ᵛ, 1.)

Eckart erwiedert:

 „Ja, wo eyn dieb und bößwicht wer,
 das doch nit ist diser frumm man." (12ᵛ, 1.)

und fährt dann fort:

 „Herr köng, vernempt was ich euch sag:
 hie steht der mann und ist sein klag,
 daß er unrecht gefangen ist
 und hergefürt durch argen list,
 mit zauberei und anders nicht,
 und rüft euch an und das gericht,
 daß ir die urtheyl öffnen wolt." (12ᵛ, 1.)

Nachdem die Parteien wieder abgetreten, pflegen die das Gericht bildenden Ritter eine kurze Berathung,

 die urtheilssprecher waren bhend
 und namen her das decretal,
 warn weiser dann her Parcifal
 do in sein muoter schickt von hauß. (12ᵛ, 2.)

Den wieder herbeigekommenen wird das Urtheil verkündet.

 Do trat dort her eyn schreiber guot
 mit eynem brief, als sie dann thuond,
 daran von wort zu worten stuond
 die urtheil, klag und widerwort,
 als man von beyden partheien hort
 und hin zu recht gesetzet was.

Anfing der schreiber und es las: (12ᵛ, 2.)
„Sindt diser mann gefangen ist
on alle recht mit zauberlist,
und ungewarnt ist hergefürt,
als es der Eckart hat gerürt,
so sol er ungebunden ston,
doch so sol man in in huot hon,
daß er meinr frawen nit entrinn.
Nuon mercket fürbaß kluoge sinn,
die unser herr der künig hat
und auch die zwölf in disem radt:
sie suochten eyn alt confirmatz
und bsunder Karlus Magnus gsatz,
die gulden bull, und darzuo me
das Salmon in der alten ehe
gesprochen hat manch urtheyl guot.
Diß urtheyl fürbaß melden thuot:
als die mörin dann hat bekant
und röner, warner hat benant,
daß er sie billich haben sol,
das selb gefelt der urtheyl wol;
und wess er bgert an disem ring,
das lond wir sein bei disem gding,
als es die mörin hat gesetzt." (13, 1.)
Frau Venus geräth durch die Entscheidung in grossen Zorn und meint:
 . . . „Ich bin geletzt,
die urtheyl wil beschweren mich." (13, 1.)
Dann hält sie abermals Gespräch.

Unterdessen wird Hermann von seinen Fesseln befreit und unter die besondere Obhut des Marschalls und des Ritters Belis gestellt.

Nun will die Mohrin ihre Klage von dem Zettel ablesen, den sie in der Hand trägt; aber des Ritters treuer Fürsprech tritt wiederum dazwischen.

„Neyn", sprach der Eckart, „diser man
hat noch sein röner, warner nicht,

> als im ertheylt seind vom gericht,
> und etlich mer zu seinem radt."
> Die mörin sprach: „Du kompst zu spat,
> ich mein, du habst gesaumet dich." (13ʳ, 1.)

Sie lässt es aber geschehen, dass Eckart den Marschall zum Rauner, den Belis zum Warner wählt, und einen Notar („publicus") herbeiruft, der schreiben soll, was er als Fürsprech begehrt.

So sind denn alle Vorfragen erledigt, die Klage kann endlich erhoben werden.

> Die mörin sprach: „Herr küng, ich klag
> euch und den andern rittern all,
> mein frauw steht hie mit reichem schal
> und klagt auf diesen schnöden man,
> des sich der Eckart nimmet an.
> Er schwur meinr frauwen eynen eydt
> mit gantzer trew und sicherheyt,
> daß er wolt sein ir eygen knecht. . . .
> Mein fraw die schuof im underthon
> eyn schön amei in allem guot,
> gen der so truog er falschen muot. . . .
> Fürbaß so klagt die frawe mein
> auf disen schalckhaftigen wicht,
> er wolt sich lon benügen nicht
> an eynr amei, wie schön die wer,
> wiewol im war der seckel ler." (14, 1.)

Eckart bittet um Gespräch; es wird gewährt. Der Angeklagte zieht sich mit Fürsprech, Rauner, Warner und Schreiber in ein Zelt zurück. Hier erklärt Hermann, er habe nie der Frau Venus einen Eid geleistet, seine Geliebte habe ihm die Treue gebrochen, da habe er sich denn auch nicht mehr verpflichtet geglaubt:

> „Do thet ich auch als ander leut,
> wie noch geschicht des tages heut
> von manchem jungen frommen man,
> wo mich sah eyne gütlich an,
> ich leugken nit, ich hieng ir nach. . . .

> Bei meinem eyd ich jetzt das sprich,
> daß mir die köngin unrecht thuot."
> Der Eckart sprach: „Es wirt noch guot.
> Magstu auch darumb thuon dein recht?"
> „Ja, lieber herr, daß man mir brecht
> eyn glüend eisen heyß vom feur,
> das trüg ich gern durch abentheur,
> daß man das zeychen an mir sech. (14ᵛ, 1.)

Sie treten wieder vor Gericht, Eckart bittet seine Antwort auf die Klage anzuhören. Darüber berichtet der Ritter:

> Do fieng der Eckart an und klagt,
> daß ich unrecht gefangen wer,
> mit zauberlist geführet her
> in dises landt, das ist eyn mort ...
> Die mörin sprach: „Daz leid ich nicht,
> darumb schweig stil und hab ein ruo,
> wiltu meinr frawen sprechen zuo
> eh dass mein klag eyn ende hat,
> als hie an disem zedel stat?
> Das sol nit sein, es ist nit zeit
> bis daß mein herr sein urtheyl geit,
> darauf du dich besinnet hast."
> Der Eckart sprach: „Brinhilt du last
> mich billich hie füren mein klag;
> ob ich dann ungereimptes sag,
> so günd ich dir zu reden ein." (15, 1.)

Damit ist die Mohrin einverstanden. Eckart beantwortet die Klage, indem er die seinem Clienten zur Last gelegten Vergehen leugnet und dessen Liebschaften als durchaus den Grundsätzen der Königin entsprechend schildert; er erklärt dann:

> „Hie steht der mann und beut sein recht
> und spricht, er sei ein freier Schwab;
> was in mein fraw geziegen hab,
> das seind allsampt erdachte mer.
> Das recht sol haben nit gefer,
> als ir wol wißt an manchem end,

wie gschriben steht von meysters heud …
Hie steht der mann eynfeltiglich
und spricht, daß er nit schuldig sei
meiner frawen hasselnuß drei
umb ir zuosprtich und umb ir klag. …
und wer er nit der jar so alt,
so wolt er bieten seinen kampf." (15ᵛ, 1.)
Endlich wiederholt er zum Schluss:
„Hie steht der mann und ist bereydt
und beut für unschuld seinen eydt
und was zuom rechten sich geburt." (15ᵛ, 2.)

Nun bittet die Mohrin um Gespräch; die Königin begibt sich mit ihren Beiständen in ihr Zelt, „sich zu bedenken auf Eckarts red, die er gethon hatt."¹) Da ist nun aller Meinung:

„Der Eckart gern zu schand unß brecht;
den Sachsenspiegel, Schwäbisch recht,
das lasset fraw nit für sich gehn.
Er nimpt auch für, als wir verstehn,
der mann der sei eyn freier Schwab.
Von welchem keyser kam die gab,
daß sie seind frei für ander leut?"
Die köngin sprach: „Ein jar ists heut,
daß ich in eyner chronick laß,
Meyland hievor belegert was
von eym Römischen keyser hoch,
mit dem do eyn edler fürst zoch,
der war geborn auß Schwabenland,
Gerdwig der hertzog war genant,
der war beim keyser lange zeit,

---

1) Der Holzschnitt auf Bl. 16 zeigt den Gerichtsplatz, innerhalb dessen der König mit Stab und Krone sowie fünf Urtheiler auf Bänken sitzen. Ausserhalb der Schranken links Ritter Hermann nur vom treuen Eckart begleitet, rechts im Vordergrund ein prächtiges offenes Zelt, unter welchem Frau Venus mit der Mohrin und zwei anderen Begleiterinnen sich berathen.

biß er do erfacht den vorstreit,
den Schwaben freiheyt mer dann gnuog;
der selbig fürst das baner truog." (16ᵛ, 1.)

Die Mohrin mahnt, man solle das Gespräch nicht zu sehr in die Länge ziehen, damit der Richter nicht ungeduldig werde. Frau Venus erklärt, sie wolle sich den Eid des Angeklagten nicht gefallen lassen,

„und wird die urtheyl so gethon,
daß im der eydt ertheylet wird,
das wer mir gar ein schwere bürd,
ich zug im nider selbs die handt." (16ᵛ, 1.)

Eine der Frauen fragt Brinhild:

„Sag mir, was zeugen wiltu hon?
Do du mit eren magst beston, (16ᵛ, 1.)
zum minsten muoßtu haben drei,
domit der mann bezeuget sei,
von ritters art, das weyßt du wol,
als sich von recht gebüren sol,
daß er geschworen hab den eydt,
als du dem könig hast fürgeleydt."

Die mörin sprach: „Daz weyß ich nicht;
mein fraw, die hat eyn zuoversicht,
es söll allein auf ir beston:
der edel könig Adrion
hat frawen geben freiheyt vil,
darauf sich mein fraw halten wil." (16ᵛ, 2.)

Sie kommen wieder vor Gericht, die Mohrin wendet sich an Eckart:

„Eckart tritt her, seidt du der bist,
dem ich mein antwort geben sol." (17, 2.)

Dann beginnt sie ihre Replik:

„Durchleuchtiger herr könig mein
und auch ir beisetz all gemeyn ...
Das nie ward ghört in disem land ...
daß einer spricht, er sei eyn frei,
und trötzlich beutet seinen eydt
gen eyner köngin wirdigkeyt....

> Weil er dann spricht, er sei eyn Schwab,
> was geht dann mein fraw an die gab,
> die im eyn keyser hat gethon?" (17, 2.)

Darauf erwiedert Eckart, wenn es sich um andere Sachen handle, sei die Aussage der Königin allerdings über jeden Zweifel und alle Anfechtung erhaben,

> „mein fraw besagt vil tausent man;
> was aber an das leben gat,
> so findt man nit an weisem radt,
> daß es eyn eynig mensch sol thuon." (17ᵛ, 1.)

Die Mohrin aber beruft sich auf ein Decret Mahomets, welches besage,

> „daß niemand widersprechen sol
> eyn könglich kron; ir wisset wol
> in disem land das stil gericht,
> das auch herr Machmet hat verpflicht
> zu nutz der werden heydenschaft,
> das selb gericht das hat die kraft,
> daß diser schalck henckmässig ist. (17ᵛ, 2.)
> Eckart ob du eyn schöf auch bist,
> so hilf bald hencken disen mann." (18, 1.)

Eckart fragt lachend:

> „Sag an, wo steht eyn freier stuol
> in disem land, das thuo mir kundt;
> du setzst und rürst eynn diefen grundt,
> dovon ich hie nit sagen wil."
> „Herr könig, der theding wirt zu vil.
> Ir habt mein antwort wol gehört,
> wiewol ir sprecht, ich sei bedört,
> das setz ich als zu ewerm spruch."
> Der könig sprach: „Es hat nit bruch;
> wir hond dein red vernommen wol,
> Brinhild ir klag auch setzen sol.
> Die urtheylsprecher dunkt es zeit." (18, 1.)

Die Mohrin meint:

> „Ich hab, herr, noch zu klagen vil,

als ich euch hie bescheyden wil
auß disem zedel manich stück," (18, 1.)

und trägt eine Menge neuer Beschwerden vor über die Unbeständigkeit und Flatterhaftigkeit, deren Hermann sich in der Minne schuldig gemacht Des Ritters Fürsprech sieht sich dadurch gezwungen, abermals um Gespräch zu bitten. Dies bewilligt der König, aber mit der Mahnung:

„Wir fasten noch, das weyßtu wol,
darumb so mach dein theding kurtz." (18^r, 2.)

Beim Gespräch[1] erklärt der Angeklagte, bei seinem Eid bleiben zu wollen, obgleich Frau Venus behaupte,

. . . „ich sei eyn banckerlein
und darzuo auch in aberacht.
Wer hat die commission bracht,
als sich gebürt in solchem recht?
pedellen noch des keysers knecht
ward mir nie kund in bottenschein." (20, 1.)

Nöthigenfalls wolle er an die Kaiserin Abenteuer, von der Frau Venus ja ihre Krone habe, appelliren. Der Warner mahnt:

„Eckart, seidt du eyn fürsprech bist
so laß uns gehn, es dunckt mich zeit,
und was unß dann die urtheyl geit,
do künden wir unß richten nach." (20, 2.)

Eckart aber fragt noch zunächst den Ritter, ob er auch appelliren könne und wisse, was sich dazu gebühre; der meint:

„Ja lieber herr, . . .
mit hilf und radt ewerer all.
Ob es dem schreiber wolgefall
so hett ich gern eynn modum hie,
daß er in mächt, er weyß wol wie."

---

[1] Der Holzschnitt auf Blatt 19 ist das Gegenstück zu dem oben S. 51. Note 1 besprochenen. Hier stehen links die Königin mit Brinhild. die ihren „Zettel" gerollt in der Hand trägt. Unter dem Zelt beräth sich Hermann mit seinen drei Begleitern.

Der schreiber sprach: „Es darf sein nicht
biß daß wir kommen vor gericht
und hören, was die urtheyl sag,
so thuo ich, was ich guots vermag. "(20, 2.)
Sie begeben sich nun eiligst wieder vor das Gericht.
Hier streiten die Fürsprecher beider Parteien noch eine Weile
um die Zulässigkeit des vom Angeklagten erbotenen Eides.
Dem macht der König ein Ende, indem er die Beisitzer fragt:
. . . „Wer nit der red genuog?
Ich meyn, wer es ir beyder fuog,
sie satztens billich hin zu recht."
Der Eckart sprach: „Sei meinthalb schlecht
und sei zu ewerm spruch gesetzt." . . .
Die mörin sprach: „Habt auch gewalt, (20ᵛ, 2.)
ir edler köng, als billich ist;
ich setz auch hin on argenlist
zu ewerm spruch die klage mein."
„Ja, sprach der Eckart, das sol sein
zu beyden theyln auf das gericht."
Die mörin schweig und antwurt nicht. (21, 1.)

Tannhäuser lässt die Parteien abtreten, schärft ihnen
aber ein, sich nicht zu weit zu entfernen. Er bittet seine
Beisitzer, ihre Ansichten auszusprechen, sucht aber die Entscheidung zu verzögern.
. . . „Ir herrn nuon radtet zuo,
was ich zu disen sachen thuo.
Ich meyn, es wer wol essens zeit:
was Eckart und die mörin streit,
das hilft unß für den hunger nicht."
„So schlagen wir auf das gericht",
sprach eyner, dem war leer der mag,
„es ist doch über halben tag.
Deucht es euch guot, wir treten ab
hin zuo dem disch und reicher hab,
und kämen dann herwider bald
und sprechen urtheyl mannigfalt." —

„Neyn" — sprach ein ritter, der war weiß
das zäm nit wol des königs preiß.
Niemand keyn urtheyl sprechen sol
nach mittem tag, daz weyß ich wol,
besonder über menschlich bluot;
wer aber urtheyl sprechen thuot,
die hat nit kraft, als billich ist." (21, 1.)

Auch dem einen fremden Gott anrufenden Manne gegenüber müssten diese Vorschriften Mahomets beobachtet werden. Sämmtliche Ritter schlagen nun vor, die Berathung und der Urtheilsspruch mögen bis zum folgenden Tage ausgesetzt werden, damit Tannhäuser unterdessen Frau Venus besänftige. Dieser Vorschlag gefällt dem Könige und nachdem die Parteien herbeigerufen, befiehlt er dem Schreiber:

... „Herr schreiber, saget an,
wie wol ich euch der eren gan,
was jetzt zumal die urtheyl sei
des königs und der massenei." (21, 2.)

Der „publicus" verkündet:

„Mein herr ist worden übereyn
mit den rittern all in gemeyn,
die zeit hab sich verrucket für,
als menglich an der sonnen spür.
Daß niemand billich urtheyl sprech
nach mittem tag, wo das gescheech,
so wer es alles kräften loß,
es sagt der text und auch die gloß,
besonder was das bluot anrürt.
Wiewol der man ist her gefürt
gebunden als eyn schedlich man,
das wil mein herr nit sehen an
und wil darauf bedencken sich,
und auch die ritter alle gleich.
Darumb so kommet wider morn
wenn ir werdt hörn das groß heerhorn,
die pfeifer und die thrumeter." (21ᵛ, 1.)

Bevor alle den Gerichtsplatz verlassen, verlangt die Königin, dass der Angeklagte wieder in den Block gelegt werde. Dagegen aber protestirt dessen Fürsprech unter Berufung auf das bereits ergangene Urtheil, und der König entscheidet, dass das eidliche Versprechen des Ritters, nicht entrinnen zu wollen, genügen soll. Dieser berichtet:

> Da fiel ich nider auf die knuw,
> der marschalck nam von mir die truw,
> do gab der Beliß mir den eydt. (21^v, 2.)

Unter prächtigem auf freiem Felde stehenden Zelt verbringt Hermann nach trefflichem Mahl die Nacht mit seinen treuen Beiständen.

Am folgenden Morgen in der Frühe versammelt alles sich wieder an der Dingstätte, Tannhäuser heisst die ritterlichen Urtheiler auf das mit goldnen Tüchern umhangene Gestühl steigen, bei welchem das rothe Banner wieder aufgerichtet ist;

> eyn schreiber saß an jedem ort
> und hett eynn brief in seiner handt,
> darin man gantz geschrieben fand
> all wort nach der fürsprechen gunst.
> (Ars memorativa heyßt eyn kunst,
> dern jeglicher eyn meyster was.) (27, 2.)

Die Mohrin erklärt, sie trete wieder als Fürsprech auf:

> „als ich mich nechst verdinget hon,
> dobei ichs jetzt wil bleiben lon.
> Mein gnedig fraw steht aber hie
> und wolt gern hören, was und wie
> die urtheyl wer auf disen man." (27^v, 1.)

Der König aber meint:

> „Ich muoß noch haben eyn gespreech
> mit disen frummen rittern guot:
> sie tragen nit eynn gleichen muot,
> die urtheyl hat gezweyet sich." (27^v, 1.)

Nachdem Eckart seinerseits, da auch er Fürsprech bleiben

bleiben will, um Urtheil gebeten, werden die Parteien auf
eine Weile weggesandt, bald aber wieder zur Urtheilsverkündigung herbeigerufen:

Auf stuond eyn schreiber, der saß dort
den sechsen zu der rechten handt;
er sprach: „Nuon höret alle sandt,
eyn urtheyl ich hie öffnen wil,
darin do seind artickel vil,
die alle weiset diser brief . . .
mein herrn haben vereynet sich,
ich mein die sechs in eyner rott
besunder nach der gütt gebott.
Sie sprachen all auf ire eyd,
und doch eyn theyl mit underscheyd, (28, 2.)
daß diser mann gantz ledig sei:
er sitzt in eym land, das ist frei,
do manch gericht ist confirmiert,
als es die keyser hond geziert
mit privilegien manigfalt,
und er hergfürt ist mit gewalt
on alle recht und commission.
Man möcht in wol geladen hon
zu Schwaben für manches gericht;
hett er sich dann verantwort nicht,
so wer er kommen in die acht: —
das hat die köngin alls verschmacht,
den keyser und das Römisch reich.
Die sechs, die sprachen alle gleich:
Seidt er gefangen ungewarnt,
als das meldet der trew Eckart,
darumb so sol er ledig sein
und fürbaß mer leiden keyn pein
von meiner frawen hie und da.
Man sicht auch wol, daß er ist gra
und niemandt mag recht widerston,
er ghört auch underd Römisch kron,

> besonder in eyn bisthuomb auch,
> das hat gewidmet also hoch
> sanct Chuonradt mit der heyligkeyt sein,
> eyn keyser, der heyßt Constantein,
> des dochter Constentz hat gestift,
> als ich es laß in eyner gschrift.
> Nuon mercket baß den underscheydt:
> er sol auch schweren eynen eydt,
> wölt es die küngin nit embern
> und rechtes mer an in begern
> doheym in seiner herren land,
> es gilt im ehr und darzuo schand,
> es gilt im leib und auch das guot;
> wie es die küngin melden thuot,
> so sol er doch gehorsam sein,
> besonder nach des grichtes schein,
> als sich zu land aldo geburt —
> doch im behalten sein antwurt.
> Domit die urtheyl hat eyn end." (28ᵛ, 1.)

Ein zweiter Schreiber verliest das Urtheil der anderen sechs:

> „Sindt daß mein fraw eyn küngin ist
> und nie gewan keyn argen list,
> so mag sie in besagen wol,
> als dann eyn küngin billich sol,
> an trew und eydt zu diser stund . . .
> Sie mag in tödten, ob sie wil;
> doch bitten wir umb lenger zil,
> daß sie im wöl genedig sein,
> sindt daß er tregt eyns ritters scheyn.". . .
> Herr Eckart sprach: „Nuon wirt es ston
> die urtheyl auf dem künig dort." (29, 1.)

Tannhäuser lässt drei Ritter, die nicht zu den Urtheilern gehören, zu sich bescheiden und pflegt mit ihnen besonderen Rath. Dann tritt abermals ein Schreiber vor und verkündet:

„Nach antwurt und nach aller klag
so findt mein herr an weisem radt,
den er darumb gehalten hat,
daß er wöll volgen der parthei,
zuor lincken handt zuom nechsten sei.
die urtheyl dunckt in aller best.
Wer er zu Marfell auf der vest,
do her Gawin fraw Argen lauß,
so sprech er doch keyn anders aus." (29ᵛ, 1.)

Kaum ist des Urtheils letztes Wort verklungen, da schilt schon Hermann des Tannhäusers Spruch:

Do tratt ich doher mit getrost
und sprach: „Edler könig und fürst,
ir sollent nit für übel hon,
ob ich eyn weil schmehe die kron.
Mich dunckt, ewer urtheyl sei kranck ...
Von euch so wil ich appelliern
und bding mich des zu diesen viern,
dem marschalck, schreiber und Beliß,
und dem Eckart, das habt gewiß,
dann ewer urtheyl ist nit guot .... (29ᵛ, 1.)
Darumb berüf ich mich hindan
von euch zu eyner keyserin,
die höher ist, dann Venußin,
als manchem ritter ist bekant;
fraw Abentheur ist sie genant
und tregt alleyn die höchste kür,
darumb her schreiber tretet für
und machet mir die appellatz." ...
Domit so trat der schreiber her
zu eynem sessel, der stuond dort,
darauf so lag eyn grosser hort,
zwey küssen und eyn gulden duoch;
der schreiber nam doher das buoch,
darin seins modums zeychen stuond;
er thet als offen schreiber thuond

> und ruoft noch dreien rittern dar
> der besten aus der köngin schar,
> domit er bschloß das testament. (29ᵛ, 2.)

Dass der Ritter so das Urtheil gescholten, erregt aufs höchste den Zorn der Königin und der Mohrin. Frau Venus befiehlt, sofort Schiffe zu rüsten, um mit grossem Gefolge sich in das Land der Kaiserin Abenteuer zu begeben. Tannhäuser erhält von Hermann Auskunft darüber, wer diese sei und wo jenes liege. Nachdem alle sich in ihre Zelte zurückgezogen, bringt der Schreiber bereits dem Ritter die „Appellatz." Zum folgenden Tag wird ein grosses Stechen vorbereitet. Es findet auch statt, Hermann wird sogar als Zuschauer herbeigeholt, und Abends folgt ein Tanz.

Unterdessen haben sich viele edle Frauen und Ritter für ihn verwandt, der König selbst hat sich bemüht, weil er ihn doch für einen „Biedermann" halten muss, und vertraut dem Marschall:

> „Wil diser mann eyn jar hon tag,
> zwey oder drei sag ich im zuo;
> so bring in mit dir morgen fruo
> in diß gezelt …
> wenn er wirt geben eynen brief
> mit vil artickeln hoch und tief,
> darauf geloben trew und eydt
> und schwern bei feldes sicherheyt,
> als man dann pflegt in Deutschem land." (41ᵛ, 2.)

Der Marschall versucht den König dazu zu bestimmen, sich mit der „trew" zu begnügen, da dieser aber bei seiner Absicht beharrt, so verkündet er dem Hermann, was für ihn erwirkt worden. Der meint:

> „Ach lieber herr, drei jar ich wil;
> besonder doch vor allem ding,
> daß es mir auch keynn schaden bring
> hernach an meiner appellatz." (42ᵛ, 1.)

Wie verabredet, führt der Marschall ihn am Morgen des folgenden Tages, des fünften, den er in Frau Venus' Land verbringt, ins Zelt der Königin, wo diese mit Tannhäuser und drei Fürstinnen ihn erwartet,

> der publicus stuond auch dabei
> und hett eynn brief in seiner handt. (44, 1.)

Die Königin erklärt dem Ritter, sie wolle ihm „tag geben," sofern er ihr eidlich gelobe, wenn sie „in mahn mit underscheyt," sich in einer der vier Städte stellen zu wollen, die ihr vor allen unterthänig und darum besonders theuer seien in Deutschem Land: Cöln, Strassburg, Basel, Constanz. Der „publicus," so berichtet Hermann,

> . . . laß do das scharpf instrument,
> darin die stett warn all genent,
> von den ich vor gesprochen hon.
> Vor knüt ich lang, auf muoßt ich ston,
> als man den eydt mir geben solt . . .
> Der marschalck sprach on argen list:
> „Gesell du hast gehöret wol
> des instruments artickel vol;
> des wirstu schweren eynen eydt." (44ᵛ, 1)
> Ich sprach: „Gnad herr, ich bins bereydt,
> was ir begert, on alle rew."
> Domit so gab ich im mein trew
> und huob auch auf die finger mein.
> Den eydt gab er mir in Latein,
> daß es die königin nit verstuond;
> er thet, als guot gesellen thuond,
> das im nit fügt, das ließ er ston. (44ᵛ, 2.)

Kaum ist der Eid geleistet, da stürmt Brinhild herein, die milder gestimmte Königin wieder gegen den Ritter einzunehmen. Es ist aber zu spät. Freundlich, denn jetzt hält sie mit ihm „frid und suon," fragt Frau Venus diesen, wohin er am liebsten gemahnt sein wolle. Er entscheidet sich für Strassburg, meint aber doch zu alt zu sein für das Spiel der Minne, was dort getrieben werde. Dann wird er ohne Säumen durch Zauberwerk zu seinem Hause zurückgebracht, wo Weib und Kind den lang vermissten mit Jubel empfangen.

Was uns an dem hier wiedergegebenen Process erfreut, das ist die fast peinliche Genauigkeit, mit der das gesammte Verfahren in allen seinen Abschnitten geschildert wird. Die Laune des Dichters bietet uns eine durch das Band seiner Fabel zusammengehaltene Fülle von Einzelheiten, die wir sonst nur aus einer grössern Zahl örtlich wie zeitlich auseinanderliegender Zeugnisse zu entnehmen gewohnt sind. Unsere Kenntnisse werden durch die Mörin nicht gerade wesentlich bereichert; ihr Zeugniss reiht sich nur für eine Menge von Dingen den bereits vorhandenen an. Es gewinnt aber an Werth durch seine Absichtslosigkeit, dadurch dass die Darstellung nicht auf Belehrung gerichtet ist, sondern nur den Zeitgenossen geläufige Formen des Verfahrens zur Ausschmückung eines der Unterhaltung dienenden Gedichts verwerthet. Dieser Character der Darstellung verbietet es auch, wie ich glaube, zu sehr jede Angabe mit kritischem Auge zu prüfen, zu sehr überall die Absicht nach der juristisch-processualischen Seite hin verfolgen zu wollen. Nur was sich ungezwungen hier ergibt, wird wirklichen Werth beanspruchen können. Einzelnes ist an sich richtig, wenn wir von dem Gewande absehen, was der Dichter im Sinne seiner Fabel ihm gegeben; so verlieren gelegentlich aber bestimmt ausgesprochene Grundsätze nicht dadurch an ihrer Bedeutung, dass sie als Vorschriften Mahomets eingeführt werden, und die Mohrin ist in ihrem ganzen Auftreten nicht weniger ein richtiger deutscher Fürsprech, weil Hermann diesen zu einem schwarzen Weibe macht.

Wenn ich noch mit wenigen Worten gleichsam überzähle, was das Gedicht der rechtsgeschichtlichen Betrachtung bietet, so darf ich doch hier davon absehen, auf jede in den vorstehend aneinander gereihten Auszügen vorkommende Einzelheit einzugehen und das, was ich hervorhebe, durch all gemeine Literaturnachweise zu belegen.

Wir finden zunächst in allen rein äusserlichen Dingen den Brauch streng eingehalten, der das deutsche Verfahren seit ältester Zeit umgibt.

Die die Ladung überbringende Mohrin führt den Stab

des Gerichtsboten und berührt mit ihm in symbolischer Handlung den Beklagten. Mit dem frühen Morgen beginnt an beiden Tagen die Gerichtsverhandlung. Der Holzschnitt wie des Erzählers Wort schildert uns den Dingplatz mit Schranken umgeben, innerhalb deren für die Urtheiler ein Gestühle errichtet ist. Ueber jene ragt auf erhöhtem Sitz der königliche Richter empor, der als Zeichen von Gewalt und Amt den Stab führt. Es fehlt die rothe Fahne nicht, die durch ihre Farbe andeuten soll, dass über Blut gerichtet wird[1]). Streng wird darauf gehalten, dass der Richter nüchtern das Urtheil spreche, und vor der Hauptmahlzeit des Tages geht jedesmal die Verhandlung zu Ende. An den König, und nur an ihn, wenden sich die Parteien und ihre Vertreter, die sämmtlich in stehender Haltung verharren.

In den bekannten deutschen Formen bewegt sich denn auch das ganze Verfahren.

Zwar hat Frau Venus den Ritter durch Zauberkünste gefangen, dennoch erfolgt eine förmliche Ladung. Trägt die Mohrin auch den Botenstab, so ist sie doch nicht die Beauftragte des Gerichts, sondern nur Vollstreckerin des Befehls ihrer Herrin, also Privatperson ohne öffentlichen Character. Die Formlosigkeit dieser Ladung wird im Laufe des Processes mehrfach betont, denn nicht durch des Gerichtes Boten und in seinem Haus ist Hermann vorgeladen.

Beim Beginn der Verhandlung, zu der der Angeklagte noch gebunden geführt wird, tritt Frau Venus nur auf, um Brinhild als ihren bereits gewählten Fürsprech zu bezeichnen. Dem Fremden, den seine Freunde nicht zu Gericht begleiten können, bietet sich Eckart zum Fürsprech an, und es bewährt sich der bekannte Satz, dass ein solcher der Partei nicht verweigert werden kann, indem der König, trotz aller Einwendungen der Gegner, dem angeklagten Ritter einen solchen Vertreter beigibt. Die Fürsprecher beider Parteien

---

[1] Vgl. Böhmer. Die rothe Thür zu Frankfurt am Main. in Janssen, Böhmers Leben 3, 432; Maurer, Gerichtsverfahren. 122.

„dingen" sich förmlich „an", und zwar, wie mir scheint, nicht bloss am ersten, sondern auch am zweiten Tag [1]), wo beide die ausdrückliche Erklärung abgeben, wieder für jene auftreten zu wollen.

Die Königin selbst ist von vorn herein mit Raunern und Warnern umgeben; da ihr Fürsprech beim Beginn der Verhandlung erklärt, dass sie diese Hülfspersonen auch dem Gegner zugestehen wolle, so gestattet das Gericht diesem, sich solche zu wählen, und zwar in dem Urtheil, in welchem es über einen ersten von Eckart vorgebrachten Einwand entscheidet. Mit ihren Fürsprechern, Raunern und Warnern halten die Parteien mehrfache Berathungen, Gespräche, nicht ohne die Erlaubniss dazu jedesmal förmlich vom Richter zu erbitten. Diese wird, wie es scheint, ohne Rücksicht auf eine bestimmte äusserste Zahl, ertheilt und nur einmal durch Mahnung zur Kürze begleitet.

Noch bevor die Mohrin ihre Klage vorgebracht, macht Eckart geltend, dass Hermann zu Unrecht gebunden vor Gericht stehe, das zieme einem Ritter, einem freien Manne nicht, der nicht als Dieb oder auf handhafter That ertappter Verbrecher vor das Gericht gebracht sei. Er setzt es durch, dass über diesen Einwand vor dem Beginn des eigentlichen Verfahrens durch ein besonderes Urtheil entschieden werde, das denn auch zu Gunsten des Ritters ausfällt. Dieselbe Frage wird übrigens abermals durch ein Urtheil in demselben Sinne beantwortet, da es sich um die Vertagung der Verhandlung handelt; das eidliche Versprechen des Beklagten, sich am folgenden Tage wieder stellen zu wollen, genügt dem Gericht.

Die Klage, die gegen Hermann erhoben wird, genauer rechtlich zu bestimmen, geht nicht an; es ist wohl nicht Absicht des Dichters gewesen, ein bestimmtes Vergehen hier zu schildern; auch die an und für sich nicht fernliegende Felonie hat ihm nicht vorgeschwebt. Das was der Ritter gegen Frau

---

[1]) Vgl. Franklin, Reichshofgericht 2, 184.

Venus' Wunsch und Vorschrift gethan, ist eben ein mit dem Tode zu strafendes Verbrechen, die Klage eine peinliche. Von der erhobenen Anklage beansprucht Hermann, sich mit seinem alleinigen Eide zu reinigen, wie es einem freien Manne zukommt. Der Preis der Rechte der Schwaben, der Angehörigen des Bisthums Constanz insbesondere, besagt nicht mehr, als dass der Verklagte sich auf diese Eigenschaft stützt. Neben jenem Beweismittel werden auch zwei Gottesurtheile erwähnt; im Gespräch betheuert Hermann, dass er bereit sei, zum Beweise seiner Unschuld ein glühendes Eisen zu tragen, und bei der Ausführung der Antwort versichert sein Fürsprech nebenbei, wenn Alter seinen Clienten nicht verhindere, sei er auch zum Kampf bereit. Beides ist nicht ernstlich gemeint; aber in der Zeit, wo unser Gedicht entstand, war doch solche Erwähnung jener Beweismittel in Form von Betheuerung auch vor Gericht noch geläufig; so finde ich sie mehrmals in etwa gleichzeitigen Protokollen des Ingelheimer Oberhofs, die ich demnächst zu veröffentlichen hoffe.

Gegen den vom Beklagten erbotenen Unschuldseid wird von der Gegenpartei in der Verhandlung rechtlich wirksames nicht eingewendet, denn es gehört nur zur dichterischen Gestaltung der Erzählung, wenn die Behauptung aufgestellt wird, dass er gegen die von der Königin erhobene Anschuldigung überhaupt unzulässig sei.

Die Entscheidung erfolgt nun, nachdem durch Vertagung eine eingehende Berathung möglich gemacht worden, und Besprechung der Richter unmittelbar vor Verkündigung des letzten wie der vorhergehenden Urtheile stattgefunden. Von den beiden Urtheilen, die verlesen werden, kann wiederum nur das eine Anspruch auf rechtliche Begründung machen; wie die Behauptungen der ihr Ziel rücksichtslos verfolgenden Vertreterin der Königin, so erscheint auch das diesen zustimmende andere Urtheil als an sich ungerecht und falsch. Der zuerst verkündete Spruch knüpft an die unrechtmässige Gefangennahme und den damit gegebenen Mangel einer ordnungsmässigen Ladung am Wohnort und vor das Gericht des Beklagten an, und weist desshalb die Klage ab. Die Entscheidung über den von jenem erbotenen Eid wird damit überflüssig, andrerseits aber doch von einem Theil der Schöffen verlangt, dass er sich eidlich verpflichte, Folge zu leisten, wenn die Königin ihn vor das Gericht seiner Heimath lade. Ausdrücklich aber wird ihm das Recht vorbehalten, sich dort zu verantworten. Es ist also der Grundsatz festgehalten, dass jeder im eigenen Gericht zu belangen sei, wenn nicht ein bestimmter Ausnahmefall vorliegt.

Wie die Urtheile gefunden wurden, schildert der Dichter nicht. Zwischen den beiden mit gleicher Stimmenzahl von je sechs Urtheilern zu Stande gekommenen hat der Richter, dem also die Entscheidung zufällt, zu wählen. Tannhäuser stellt sich auf die Seite der ungerechten und unrichtigen Meinung, nachdem er zuvor nochmals Berathung gepflogen. Vielleicht sind die drei Ritter, an die er sich wendet, einfach dem Umstand entnommen; eher noch mögen es „heimliche Räthe" des Königs sein.

Ohne Säumen, „uf stapfinden fuze", schilt der Beklagte in eigner Person, ganz wie die Quellen es vorschreiben, das ihn beschwerende Urtheil. An die Königin Abenteuer, zu welcher Frau Venus und ihr Gericht in demselben Verhältniss stehen wie die Deutschen Landesherren und deren Gerichte zum Könige, geht seine Berufung. Wenn er erklärt, dass er sich desshalb auf seine Berather „bedinge", so dürften dies wohl die Bürgen sein, welche nach dem Urtheilschelten bei peinlicher Klage gesetzt werden sollen, wie es der Richtsteig Landrechts Art. 49, §. 6, ausdrücklich vorschreibt.

In dem ganzen Process spielt das Schreibwesen eine grosse Rolle. Die Mohrin tritt mit einer vorher redigirten Klage auf und liest ihre Beschwerden von einem Zettel ab. Eckart spricht allerdings vollkommen frei, wie es seine Rolle als improvisirter Fürsprech mit sich bringt; zu den dem Ritter als Beistände gegebenen Personen gehört aber auch ein „publicus", und über den Verlauf der Verhandlungen wird Protocoll geführt. Alle Urtheile sind denn auch schriftlich abgefasst und werden von Schreibern verlesen. Der dem Angeklagten beigegebene Notar verfertigt sofort die vom Dichter als „appellatz" bezeichnete Schrift. So wenig aber das Schelten des Urtheils sich von den Formen des deutschen Verfahrens entfernt, so wenig wird hier an eine Appellationsschrift im Sinne des römisch-canonischen Processes zu denken sein. Es handelt sich vielmehr nur um die schriftliche Darstellung der beim Untergericht stattgehabten Verhandlung, wie sie die Parteien selbst dem Oberhof sehr häufig zu überreichen pflegten, nachdem regelmässig eine Prüfung derselben seitens des Untergerichts und unter Mitwirkung des Gegners stattgefunden hatte. Auch über diese Dinge gewähren die bereits erwähnten Ingelheimer Protocolle reiche Aufschlüsse.

Mit dem Schelten des Spruchs gelangt der von Urtheil zu Urtheil fortgeschrittene Process in der Mörin zu seinem Abschluss. Die Verhandlungen und Formalitäten, welche der Freilassung des Ritters vorangehen, sind theilweise dem Völker- oder vielmehr dem Kriegsrecht der Zeit entnommen. Hier wird Hermann als Kriegsgefangener behandelt, der vorläufig entlassen wird und sich wieder zu stellen verspricht; darauf weist wenigstens der gebrauchte Ausdruck „Feldsicherheit" hin [1]). Von den vier Städten liegt auch nur eine, Constanz, in seiner Heimath; an eine nochmalige Ladung zur Wiederaufnahme des Verfahrens wäre also ohnehin bei den anderen nicht zu denken. Es muss vielmehr angenommen werden, dass jene Orte als diejenigen gemeint sind, wo der entlassene Gefangene sich auf Mahnung des Siegers einzufinden hat. Der Nothwendigkeit wird freilich Ritter Hermann dadurch entzogen, dass er einen der Königin unverständlichen lateinischen Eid leistet, der ihn zu nichts ernstlichem verpflichtet und in launiger Weise mit der durch den eignen Marschall ins Werk gesetzten Ueberlistung der Königin die ganze Handlung zum Abschluss bringt.

Mit der Uebersicht über den Gang dieser letztern ist aber die Fülle rechtsgeschichtlichen Stoffes, den Hermann von Sachsenheim in seinem Gedicht niedergelegt hat, nicht er-

---

1) Haltaus, Glossarium, 449, erklärt ihn durch: securatio et sponsio bello capti sub fide militari vel iurato facta.

schöpft. Schon oben wurde der beiläufigen Erwähnung des Fürstenstandes der Grafen von Würtemberg gedacht. Der Eid, den der Beklagte bietet, gibt Gelegenheit zur Erwähnung des Niederziehens der Hand bei dem als Meineid angesehenen Schwur[1]), wie der Eidesunfähigkeit Geächteter und unehelich Geborener. Die Berather der Klägerin belehren diese im Gespräch, dass die Zeugen, wenn sie sich auf solche berufen wolle, dem Beklagten ebenbürtig sein müssen. Die hier als nothwendig angenommene Dreizahl erinnert an das kleine Kaiserrecht I, 20, das dieselbe allerdings verlangt bei jeder Sache, „die an den lip nit enget"[2]). Fehmgericht, Sachsenspiegel, Goldene Bulle, Karl der Grosse als Gesetzgeber sind dem Dichter geläufige Begriffe und in dem Urtheil der Minderzahl gedenkt er der Folgen der Nichtbeachtung einer Ladung. Er gibt uns endlich auch, und dies anscheinend ganz zufällig, ein nicht unwillkommenes Zeugniss für den dem Titel der Premis zu Grunde liegenden Sprachgebrauch[3]). Eckart sagt nämlich gelegentlich:

... „du klaffst zu vil,
Brinhilt, hetstu eyn premsen an,
so schmehstu hie nit disen man;
du ließt die warheyt warheyt sein,
die nachred sol doch bleiben mein." (20ʳ, 2.)

Hierzu kommt noch eine gewisse Bekanntschaft mit den fremden Rechten, die sich in den Anspielungen auf Decretale, Glosse und Text, auf die angeblich von Kaiser Hadrian den Frauen gegebenen Privilegien, in der Anwendung einzelner Worte zeigt. Es entspricht endlich durchaus der Belesenheit, die er durch hundertfache Anspielungen auf die Heldensage bekundet, wenn Hermann über die Sage von der Entstehung

---

[1] Vgl. J. Grimm, Rechts-Alterthümer, 905.
[2] Endemann, Kl. Kaiserrecht, 20.
[3] Vgl. Homeyer, Richtsteig Landrechts, 390 a. E. Im Grimm'schen Wörterbuch (s. v. bremse). das die Ausgabe von 1539 citirt, scheint diese Stelle zwar gemeint aber nicht genau wiedergegeben zu sein, jedenfalls ist irrig Blatt 2, b angegeben.

des Vorstreitrechts der Schwaben, und zwar abweichend vom Schwabenspiegel (Art. 32), berichtet¹).

Fragen wir nach der Quelle, aus welcher er seine genaue Rechtskenntniss geschöpft, so können wir, glaube ich, mit Sicherheit annehmen, dass er diese vorzugsweise längerer praktischer Thätigkeit verdankt. Täuscht mich nicht die ganze Art der Darstellung und Auffassung, die gesammte Einkleidung der Fabel, so dürfen wir vermuthen, dass er bei einem Hofgericht fungirt hat und daher das dort übliche Verfahren ihm Vorbild war. Dafür scheint mir z. B. das Grüssen auf Hofrecht bei der Ladung, das Gewicht, welches auf die Beihülfe von Raunern und Warnern gelegt wird, die Berathung des königlichen Richters mit ausser dem Gericht stehenden Personen, das Hervortreten eines ausgebildeten Schreibwesens zu sprechen. Ich denke übrigens nicht sowohl an das Hofgericht des deutschen Königs als vielmehr an das irgend eines süddeutschen Landesherren. Sicherheit würde hier nur reichlichere Kunde von den Lebensverhältnissen Hermanns gewähren. Die Gestalt des Processes, die er wiedergibt, wird im Wesentlichen dem Ausgang des 14. und dem Beginn des 15. Jahrhunderts zuzuweisen sein, denn wir dürfen nicht vergessen, dass er als ein 85jähriger schrieb. Wie sehr aber das rein deutsche Verfahren, wie die Mörin es uns schildert, dem Volk geläufig war, zeigt die Existenz des Gedichtes selbst, das sich fast ganz auf einen Process aufbaut, und für welches sein Verfasser doch nothwendig allgemeineres Verständniss voraussetzen musste. Wie lange dieses Verständniss sich in den Kreisen des Volkes noch erhielt, können wir dann daraus entnehmen, dass die Mörin bis über die Mitte des 16. Jahrhunderts hinaus immer wieder Leser gefunden und neue Auflagen erlebt hat.

---

1) Vgl. Stenzel, Kriegsverfassung 227; Gebr. Grimm, Deutsche Sagen 2, 125, Nr. 460.